EERSTE EDITIE - Gepubliceerd in 2022

Extra grafisch materiaal van: www.freepik.com
Dank aan: Alekksall, Starline, Pch.vector, Rawpixel.com, Vectorpocket, Dgim-studio, Upklyak, Macrovector, Stockgiu, Pikisuperstar & Freepik.com Designers

Ontdek gratis online spelletjes

Hier verkrijgbaar:

BestActivityBooks.com/FREEGAMES

5 TIPS OM TE BEGINNEN!

1) HOE OP TE LOSSEN

De Puzzels zijn in een Klassiek Formaat:

- Woorden worden verborgen zonder pauzes (geen spaties, streepjes, ...)
- Oriëntatie: Voorwaarts & Achterwaarts, Boven & Beneden of in Diagonaal (kan in beide richtingen)
- Woorden kunnen elkaar overlappen of kruisen

2) ACTIEF LEREN

Naast elk woord is een spatie voorzien om de vertaling te noteren. Om actief te leren vindt u een **WOORDENBOEK** aan het einde van deze editie om uw kennis te controleren en uit te breiden. U kunt elke vertaling opzoeken en opschrijven, de woorden in de puzzel vinden en ze vervolgens aan uw woordenschat toevoegen!

3) TAG JE WOORDEN

Hebt u al geprobeerd een labelsysteem te gebruiken? U zou bijvoorbeeld de woorden die moeilijk te vinden waren kunnen markeren met een kruis, de woorden die u leuk vond met een ster, nieuwe woorden met een driehoek, zeldzame woorden met een ruit enzovoort...

4) ORGANISEER UW LEREN

Wij bieden ook een handig **NOTITIEBOEKJE** aan het eind van deze uitgave. Of u nu op vakantie, op reis of thuis bent, u kunt uw nieuwe kennis gemakkelijk ordenen zonder dat u een tweede notitieboek nodig hebt!

5) AFGESLOTEN?

Ga naar de bonussectie: **FINAAL UITDAGING** om een gratis spel te vinden dat aan het einde van deze editie wordt aangeboden!

Wil je meer leuke en leerzame activiteiten? Het is Snel en Eenvoudig! Een hele collectie spelboeken slechts **één klik verwijderd!**

Vind uw volgende uitdaging bij:

BestActivityBooks.com/MijnVolgendeBoek

Klaar... Start!

Wist u dat er zo'n 7000 verschillende talen in de wereld zijn? Woorden zijn kostbaar.

We houden van talen en hebben hard gewerkt om de boeken van de hoogste kwaliteit voor u te maken. Onze ingrediënten?

Een selectie van onmisbare leerthema's, drie grote plakken plezier, dan voegen we er een lepel moeilijke woorden en een snuifje zeldzame woorden aan toe. We serveren ze met zorg en een maximum aan verrukking, zodat je de beste woordspelletjes kunt oplossen en veel plezier beleeft aan het leren!

Uw feedback is essentieel. U kunt een actieve bijdrage leveren aan het succes van dit boek door een recensie achter te laten. Vertel ons wat u het meest beviel in deze editie!

Hier is een korte link die u naar uw bestelpagina brengt:

BestBooksActivity.com/Recensies50

Bedankt voor uw hulp en veel plezier met het spel!

Linguas Classics

1 - Metingen

```
S H N B Z P E H J B K V R S
R G Y M K I L O G R A M K E
W M K B E R A T I N G G I N
X E Q Y D T X J F A F P L T
M N J T A V E V T P L P O I
I I U E L U G R Z P I C M M
T T R P A N J A N G T N E E
G K M D M D H Z P C E V T T
A R H T A E I N C I R C E E
N G A F N S Q P L E B A R R
Y R A M W I E N R O K O W W
T O N A K M A S S A U N Z W
R Q S Y G A Q A K P I S J A
T Z V D R L V O L U M E R R
```

LEBAR	KILOMETER
BYTE	PANJANG
SENTIMETER	LITER
DESIMAL	MASSA
KEDALAMAN	METER
BERAT	MENIT
GRAM	ONS
TINGGI	PINT
INCI	TON
KILOGRAM	VOLUME

2 - Keuken

```
C J S P O N S M V N I Q O X
E A E M Y A R M A H K P V G
L R N G F G L A S K E T E L
E C D G C U E N S U A Z O R
M I O A K M I G A S M N B G
E X K R G I G K S B R P A U
K O V P S K R U E K E I I N
G V I U Y O I K R U S S F T
K E N D I B L F B L E A L Y
K N T I B V L U E K P U W Q
I X R I J W E E T A R Q S X
F R E E Z E R Y T S C R V Y
R E M P A H R E M P A H E U
E K S Z R R T Q K A S N J U
```

CANGKIR	JAR
SUMPIT	RESEP
GRILL	CELEMEK
KETEL	SERBET
KULKAS	REMPAH-REMPAH
MANGKUK	SPONS
KENDI	MAKANAN
SENDOK	GARPU
PISAU	FREEZER
OVEN	

3 - Boten

```
Z N K Q R I X W R D U N I G
N Q V V Y A C H T A W A K J
M A R I T I M W E N K H B D
J M E S I N O M B A K I X O
S A B V A N Z T P U H D T K
U G N A N U F A D H X T P B
N X X G G B J L L N P E E A
G J S E K O C I K A N O L H
A R V G A A D L Q P O P A A
I F Y Y P W R L U F Y N M R
A S E P A J L A R M V T P I
B Q W R L I D U U S F Y U P
I S A F I T M T X B Y V N V
N K A Y A K C F I L V X G Q
```

JANGKAR   DANAU
AWAK   MESIN
PELAMPUNG   BAHARI
DOK   SEKOCI
OMBAK   SUNGAI
YACHT   TALI
KAYAK   FERI
KANO   RAKIT
MARITIM   LAUT
TIANG KAPAL

4 - Chocolade

```
K K I P T F P Y A D C M G H
E A U A F J K Y R W V I U S
B K K A R R K A C A N G L P
U P S A L K E I N G I N A N
B A M O O I A R O M A S N T
U H A H T M T X H R A I T Y
K I N B D I B A H A N T I W
M T I D W G S C S S Q M O R
C C S G X T K E L A P A K P
R E S E P F A V O R I T S E
G H G O F L Y L E Z A T I R
O J S S O D U M R V I L D M
K A L O R I X Q S A C F A E
Q J S Y Q K A R A M E L N N
```

ANTIOKSIDAN
AROMA
PAHIT
KAKAO
KALORI
EKSOTIS
FAVORIT
LEZAT
BAHAN
KARAMEL

KELAPA
KUALITAS
KACANG
BUBUK
RESEP
RASA
PERMEN
GULA
KEINGINAN
MANIS

5 - Tijd

```
V D W Q Q B P P R W X T U S
B I I C J D A S A W A R S A
E N S I A N G B K A H Z E M
S I H A R I I P A B M C K A
O H A R I I N I Q D H J A S
K B U L A N T M S R S S R A
K Q U A F A A A E X J V A D
U E O M J N H L T N M J N E
L A M J A M U A E B I V G P
B F L A S N N M L M N T Q A
E D L A R P A D A C G F A N
J U R T M I X W H E G D J Z
S Z U Q K P N T A H U N A N
K A L E N D E R W J J O C F
```

HARI   BESOK
DASAWARSA   SETELAH
ABAD   MALAM
KEMARIN   SEKARANG
TAHUN   PAGI
TAHUNAN   MASA DEPAN
KALENDER   JAM
BULAN   HARI INI
SIANG   DINI
MENIT   MINGGU

6 - Meditatie

```
K E J E L A S A N E V P E K
B A N G U N A B T M R E X A
F K M K B Y Z N N O M N I S
P E R H A T I A N S E E B I
E S S Z V E B U I N R W H
R U K Y I M I U U Y T I X S
D N E M U K K E A L A M I A
A Y B M I K A G P A L A P Y
M I A U O F U P E R V A I A
A A I S G Z F R N R F N K N
I N K I O B S E R V A S I G
A W A K C T E N A N G K R Y
N Y N K E B A H A G I A A N
P E R S P E K T I F F T N N
```

PERHATIAN   KASIH SAYANG
PENERIMAAN   MENTAL
GERAKAN   MUSIK
SYUKUR   ALAM
EMOSI   OBSERVASI
PIKIRAN   PERSPEKTIF
KEBAHAGIAAN   KESUNYIAN
KEJELASAN   PERDAMAIAN
SIKAP   KEBAIKAN
TENANG   BANGUN

7 - Zomer

```
K  I  V  O  T  A  I  J  M  L  C  C  K  Q
E  R  T  M  B  I  N  T  A  N  G  K  E  V
B  E  I  Q  Y  X  E  Y  K  M  R  E  N  G
U  K  E  L  U  A  R  G  A  E  E  G  A  P
N  R  C  N  T  B  I  M  N  L  E  N  P  P
C  E  G  J  I  E  U  E  A  Y  A  M  G  A
S  A  N  D  A  L  M  K  N  E  K  B  A  N
E  S  M  H  J  A  J  A  U  L  S  I  N  T
U  I  Q  P  F  U  X  X  N  A  A  R  R  A
G  L  Y  S  I  T  I  U  N  M  S  A  U  I
M  U  S  I  K  N  R  L  Y  Z  I  A  M  B
I  B  E  P  E  R  G  I  A  N  S  N  A  A
G  Z  Q  N  Q  L  I  B  U  R  A  N  H  F
P  E  R  M  A  I  N  A  N  F  X  J  Z  Y
```

BUKU   SANDAL
MENYELAM   BINTANG
KELUARGA   PANTAI
PERMAINAN   KEBUN
KENANGAN   LIBURAN
RUMAH   MAKANAN
CAMPING   KEGEMBIRAAN
MUSIK   TEMAN
RELAKSASI   REKREASI
BEPERGIAN   LAUT

8 - Vogels

```
E  Q  K  G  J  F  V  P  E  N  G  U  I  N
N  L  Q  Q  H  L  P  P  F  Y  Z  Z  B  O
M  B  A  N  G  A  U  C  Y  N  G  I  U  Y
T  E  N  N  P  M  E  R  A  K  A  B  R  B
B  U  V  A  G  I  B  W  E  F  G  X  U  A
E  U  Z  G  I  N  W  H  Y  R  A  W  N  Y
B  U  R  U  N  G  B  E  O  F  K  F  G  A
E  K  T  U  F  O  C  U  C  K  O  O  H  M
K  T  E  G  N  M  E  R  P  A  T  I  A  H
E  O  L  U  B  G  A  P  G  P  B  Z  N  T
N  U  U  L  Q  X  U  N  I  D  Y  G  T  N
A  C  R  L  R  M  O  N  G  Z  G  T  U  Y
R  A  Q  D  I  W  O  M  T  S  P  V  F  L
I  N  P  E  L  I  K  A  N  A  A  C  D  W
```

MERPATI	BANGAU
BEBEK	BURUNG BEO
TELUR	MERAK
FLAMINGO	PELIKAN
ELANG	PENGUIN
KENARI	BURUNG UNTA
AYAM	TOUCAN
CUCKOO	BURUNG HANTU
GAGAK	ANGSA
GULL	

9 - Behoud

```
D  P  L  I  N  G  K  U  N  G  A  N  I  B
G  O  R  G  A  N  I  K  C  O  T  U  B  A
Q  L  P  E  N  D  I  D  I  K  A  N  H  H
P  U  E  H  P  E  R  U  B  A  H  A  N  A
E  S  E  I  V  T  C  S  I  K  L  U  S  N
S  I  D  J  U  W  N  S  Q  S  V  O  T  K
T  A  C  A  M  E  N  G  U  R  A  N  G  I
I  G  L  U  U  Q  G  Y  C  E  L  H  F  M
S  H  C  A  D  R  U  R  M  B  Z  A  H  I
I  Q  G  X  M  Z  U  W  G  T  A  B  I  A
D  S  T  Z  P  I  S  L  K  F  I  I  K  G
A  K  E  S  E  H  A  T  A  N  R  T  L  P
E  K  O  S  I  S  T  E  M  N  X  A  I  P
P  E  R  H  A  T  I  A  N  I  G  T  M  V
```

BAHAN KIMIA	PENDIDIKAN
EKOSISTEM	ORGANIK
SIKLUS	PESTISIDA
KESEHATAN	DAUR ULANG
HIJAU	PERUBAHAN
HABITAT	MENGURANGI
IKLIM	POLUSI
LINGKUNGAN	AIR
ALAMI	PERHATIAN

10 - Wiskunde

```
G V J I J F D B I X L S P D
E F V K U R V I Q H D U E I
P W U M M A B O V H P D R A
H E G O L K O Y L I J U S M
I Y R X A S L A O U S T E E
T Q D I H I A A Q P M I G T
U G E O M E T R I V B E I E
N E W S P E R S A M A A N R
G A U H T Y T P O L I G O N
S P A R A L L E L O G R A M
S E G I T I G A R Z T C J E
F A E K D E S I M A L P Y H
P A R A L E L S I M E T R I
T E G A K L U R U S N X P U
```

BOLA	PARALEL
DESIMAL	PARALLELOGRAM
DIAMETER	HITUNG
DIVISI	JUMLAH
SEGITIGA	SIMETRI
FRAKSI	POLIGON
GEOMETRI	PERSAMAAN
SUDUT	PERSEGI
TEGAK LURUS	VOLUME
PERIMETER	

11 - Camping

```
P O H O N I D T H T Y Q A A
P S O Q M G R Z A U G D L P
B E R B U R U T Y O T K A I
B R T Y E P Y O Y I Z A M K
I A T U F U B P H S C N N O
N N E X A U P I W U E O G M
A G N C U L E N T E R A U P
T G D P H T A K A B I N N A
A A A T A Q Q N L U T T U S
N G X Q L I W D G L A P N K
G C T L M F M N S A N E G I
F M D A N A U Z V N N T D E
V M J I L O N M D W R A F P
H H Q T K I F M L Q Q D A M
```

PETUALANGAN	PETA
GUNUNG	KANO
POHON	KOMPAS
HUTAN	LENTERA
API	BULAN
KABIN	DANAU
BINATANG	ALAM
TOPI	TENDA
SERANGGA	TALI
BERBURU	CERITA

12 - Activiteiten

```
C U X L R X K E A H L I A N
P A B E R K E B U N N A K Q
R U M E M A N C I N G B T J
E K Z P P H I K I N G E I W
L E A Z I E S E K C X R V J
A S K P L N R O E A R B I A
K E A D H E G M R B H U T H
S N L R E K R E A S I R A I
A A U E E I E M M I F U S T
S N K E K G S B I H N G T O
I G I C V B P A K P N A G T
N A S I H I R C O B O S N B
Z N A D K E R A J I N A N W
S E N I F O T O G R A F I O
```

AKTIVITAS
KERAJINAN
FOTOGRAFI
PERMAINAN
MEMANCING
BERBURU
CAMPING
KERAMIK
SENI
MEMBACA

SIHIR
JAHIT
RELAKSASI
KESENANGAN
PUZZLE
LUKISAN
BERKEBUN
KEAHLIAN
REKREASI
HIKING

13 - Vormen

```
B P K A R C S R I N G P U P
K O J U T L I N G K A R A N
E L L J R T E P I S P I H F
R I H A K V R I A I E S I R
U G M J U J A R P L R M P X
C O O I B U L A T I S A E G
U N B R U C V M I N E E R R
T I H K S F N I L D G L B V
M S U D U T D D J E I I O C
X S I W N P C A P R A P L S
J F U S E G I T I G A S A F
D B T K I B W V G S A Q W L
W I N P A H A K X J S A C S
Q V W X G A R I S E K N D Y
```

BOLA	KUBUS
ARC	GARIS
SILINDER	ELIPS
LINGKARAN	PIRAMIDA
KURVA	PRISMA
SEGITIGA	TEPI
SUDUT	BULAT
HIPERBOLA	POLIGON
SISI	PERSEGI
KERUCUT	

14 - Astronomie

```
B R A D I A S I M K T E G Y
I U S B U L A N E O E Q R E
N Q M A V F A B T N L U A X
T E A I T D X P E S E I V Q
A G S D D E V K O T S N I B
N L T E D U L B R E K O T M
G R R M G N J I Q L O X A W
B K O S M O S A T A P J S N
X W N P Y A K K G S P A I F
K R O Z L D E J Q I U Y P X
K O M E T A A S T E R O I D
Y K N D S F N N E B U L A V
H E A L A M S E M E S T A W
W T T Z W W A S T R O N O T
```

BUMI	PLANET
ASTEROID	ROKET
ASTRONOT	SATELIT
ASTRONOM	BINTANG
EQUINOX	KONSTELASI
KOMET	RADIASI
KOSMOS	TELESKOP
BULAN	ALAM SEMESTA
METEOR	GRAVITASI
NEBULA	

15 - Emoties

```
C I N T A S F Z P M G O J Y
Z W E Q G V I U S A N T A I
W X H S Q F Z M M L A A K K
T P H K U S F L P U A K E E
K E S E D I H A N A W U B G
A R N B X P I S I L T T O E
M D G A M Y U H S E K I S M
A A S I N J O A F G Y C A B
R M J K M G B A S A I B N I
A A W A S G B Q Z G Z F A R
H I Z N B Y V Z X R B I N A
N A K E T E N A N G A N Q A
L N Q K E L E M B U T A N N
K E B A H A G I A A N E F S
```

TAKUT
MALU
KESEDIHAN
KEBAHAGIAAN
ISI
TENANG
CINTA
SANTAI
LEGA

KETENANGAN
SIMPATI
KELEMBUTAN
PUAS
KEBOSANAN
PERDAMAIAN
KEGEMBIRAAN
KEBAIKAN
AMARAH

16 - Vakantie #2

```
V T R A N S P O R T A S I R
W N P E R J A L A N A N V E
D T A K S I S P H V T H A S
T E N D A T P A D O U Q G E
T R R E Q K O O N P J B V R
F E Z W F P R R C E U B P V
A K H E V I S A A J A A I A
W R L L A U T N M N N N I S
C E O I D Z G G P T V D M I
T A S B Z A W A I E S A W M
U S D U N S V S N R T R K G
Q I Y R V I L I G A C A P G
P U L A U N C N H O T E L S
Z M F N P G J G P A N T A I
```

TUJUAN	RESERVASI
ORANG ASING	RESTORAN
ASING	PANTAI
PULAU	TAKSI
HOTEL	TENDA
PETA	LIBURAN
CAMPING	TRANSPORTASI
BANDARA	VISA
PASPOR	REKREASI
PERJALANAN	LAUT

17 - Weersomstandigheden

```
B K E K E R I N G A N S W X
D A S X X S O A E B T U U Y
I J D Z I U I N S N Q H J O
B W H A P A T G E F P U K B
I A A H I S R I L E M B A B
P K N K T A O N A W A N B G
E U L J C N P E T I R N U U
L T A I I A I M U S I M T N
A U N U M R S K E R I N G T
N B G T O R N A D O X W N U
G K I W P R N F M A S P T R
I V T H Q B U W A N J B M G
D J R J O D I V V C Y M A S
M B W K E R X E Y X I J L R
```

SUASANA
PETIR
GUNTUR
KERING
KEKERINGAN
LANGIT
ES
IKLIM
KABUT
MUSIM

BANJIR
KUTUB
PELANGI
BADAI
SUHU
TORNADO
TROPIS
LEMBAB
ANGIN
AWAN

18 - Strand

```
E A W C R T O P E R A H U M
N B C L S Q P E U K W A L J
K J U P A Y U N G L L P H Y
R G S Q N U T X E X A Y K N
P P C G D A T X S D R U X K
P C Y P A B P A S I R C Q E
H D D N L B I H L H P K E P
R C J N U K E R A N G X B I
L A G U N A F P U D O K C T
P A N T A I T E R U M B U I
P E R A H U L A Y A R L J N
H R R I H A N D U K Y I V G
G U Y K Y I X L I B U R A N
F Z L L H K M A T A H A R I
```

BIRU	TERUMBU
PERAHU	SANDAL
DOK	KERANG
PULAU	LIBURAN
HANDUK	PASIR
KEPITING	LAUT
PANTAI	PERAHU LAYAR
LAGUNA	MATAHARI
PAYUNG	

19 - Eten #2

```
N  Y  O  G  H  U  R  T  T  K  I  W  I  C
Q  A  P  E  L  I  S  X  O  E  Y  Z  K  S
W  H  N  N  G  V  M  Z  M  J  R  I  A  G
X  T  T  A  G  M  X  D  A  U  D  O  N  A
H  A  M  Y  S  V  L  B  T  W  B  N  N  S
Q  J  P  A  S  P  A  R  A  G  U  S  A  G
X  I  O  M  Z  Z  U  O  M  U  A  N  N  Z
Z  D  C  P  T  U  Y  K  J  H  W  A  G  X
Q  M  P  I  E  Q  L  O  T  P  N  C  G  V
R  H  Q  S  L  R  Y  L  A  H  V  P  U  J
R  I  L  A  U  N  S  I  X  R  T  C  R  M
O  G  M  N  R  A  O  I  A  L  M  O  N  D
T  D  B  G  K  S  J  N  K  A  D  G  D  T
I  R  Q  C  O  I  S  P  G  A  N  D  U  M
```

ALMOND	HAM
NANAS	KEJU
APEL	AYAM
ASPARAGUS	KIWI
TERONG	PERSIK
PISANG	NASI
BROKOLI	GANDUM
ROTI	TOMAT
ANGGUR	IKAN
TELUR	YOGHURT

20 - Klimmen

```
H I K I N G R P S E M P I T
B R C Q T A N T A N G A N O
O D T R A G N I H N X K L K
H E L M O Q U U L P D U D E
S W S D Y N P A I X K U T T
E U I W B C O C S L Y H A I
P Z A B F N K E K U A T A N
A F I S I K C D N J A P S G
T P B X A P M E D A N G U G
U L C G T N G R E W P A G I
B D R B O P A A E K E I X A
O P E L A T I H A N T J K N
T V J Q R M P A Z F A J V B
S T A B I L I T A S V H K Q
```

SUASANA   SEPATU BOT
AHLI   CEDERA
FISIK   PELATIHAN
PANDUAN   SEMPIT
GUA   STABILITAS
HELM   MEDAN
KETINGGIAN   TANTANGAN
PETA   HIKING
KEKUATAN

21 - Restaurant #1

```
D  A  P  U  R  U  P  E  D  A  S  Q  P  O
A  B  M  L  O  R  N  I  U  E  S  Z  E  L
G  P  A  I  T  A  L  E  R  G  I  D  L  B
I  I  K  Z  I  K  M  H  K  I  K  D  A  A
N  S  A  B  Y  O  A  H  N  Q  N  U  Y  H
G  A  N  I  J  P  N  S  F  O  O  G  A  A
F  U  A  N  R  I  G  B  I  P  V  P  N  N
D  N  N  J  N  S  K  D  N  R  O  C  O  L
J  S  A  U  S  M  U  G  E  A  A  J  M  Q
M  E  N  U  B  Y  K  X  B  Q  Y  L  D  F
R  R  E  V  U  B  H  M  S  L  P  A  V  H
O  B  A  V  N  N  D  S  E  P  C  P  M  Q
R  E  S  E  R  V  A  S  I  C  N  U  J  W
Y  T  P  E  N  C  U  C  I  M  U  L  U  T
```

ALERGI	PISAU
PIRING	PEDAS
ROTI	RESERVASI
BAHAN	SAUS
KASIR	PELAYAN
DAPUR	SERBET
AYAM	PENCUCI MULUT
KOPI	DAGING
MANGKUK	MAKANAN
MENU	

22 - Geologie

```
F H G E M P A B U M I S K L
K O G L O I L I L R S S T A
U R F F C Q N D C P B T H H
A X I O B G B E N U A A U A
R W X S Y B G G R E E L K R
S P E I T C T A U A S A A H
A T X L W A O R D A L K L M
Z O N A M I L A Z C V T S K
G E Y S E R A M A U T I I D
K A R A N G P A A B A T U T
L A S A M H I H V J L Q M I
F C A D L H S A P E R O S I
O C E Z Z L A M U P F Q Z X
P U G U N U N G B E R A P I
```

GEMPA BUMI	KUARSA
KALSIUM	LAPISAN
BENUA	LAHAR
EROSI	MINERAL
FOSIL	STALAKTIT
GEYSER	BATU
CAIR	GUNUNG BERAPI
GUA	ZONA
KARANG	GARAM
KRISTAL	ASAM

23 - Specerijen

```
J  Q  Z  D  O  I  K  K  X  G  A  R  A  M
C  E  N  G  K  E  H  V  U  T  Y  R  D  K
Q  J  Y  L  K  B  A  W  A  N  G  H  A  E
K  A  R  I  M  A  N  W  T  A  Y  J  S  T
V  H  A  F  A  P  P  Y  C  J  Q  I  Z  U
A  E  S  F  N  O  A  U  E  T  L  N  T  M
N  M  A  W  I  J  H  P  L  G  E  T  U  B
I  N  H  D  S  Z  I  E  R  A  L  E  G  A
L  A  N  I  S  E  T  N  E  I  G  N  X  R
A  K  A  Y  U  M  A  N  I  S  K  A  P  A
B  A  W  A  N  G  P  U  T  I  H  A  A  L
L  Z  F  E  N  U  G  R  E  E  K  K  L  E
D  L  L  L  C  W  X  E  M  B  K  G  A  B
B  G  G  S  K  X  C  S  S  M  I  Y  V  R
```

ANISE	CENGKEH
PAHIT	PALA
FENUGREEK	PAPRIKA
JAHE	KUNYIT
KAYU MANIS	RASA
KAPULAGA	BAWANG
KARI	VANILA
BAWANG PUTIH	ADAS
JINTEN	MANIS
KETUMBAR	GARAM

24 - Groenten

```
B A W A N G M E R A H T B C
P E T E R S E L I F E I R Q
Q H B A W A N G P R H O O E
B D T H T J I F H H Y F K K
L A B U E A Z A I T U N O A
Y R W H R M W V L Y Q B L C
O T B A O U U U X J I A I A
K I J S N R M A N Y V V B N
E C F A G G P N S A L A D G
N H M Q H K P R M T O M A T
T O L T V E U U N G B K B Q
A K W O R T E L T M A T L B
N E S E L E D R I I K Q K I
G M E N T I M U N R H P Q G
```

KENTANG   PETERSELI
ARTICHOKE   LABU
TERONG   LOBAK
BROKOLI   SALAD
KACANG   SELEDRI
JAHE   BAWANG MERAH
BAWANG PUTIH   BAYAM
MENTIMUN   TOMAT
ZAITUN   BAWANG
JAMUR   WORTEL

25 - Dans

```
S  T  U  B  U  H  C  T  E  J  D  S  K  V
L  I  S  E  N  I  D  Z  K  M  S  E  L  T
A  W  K  T  R  A  D  I  S  I  O  N  A  L
T  Q  H  A  A  K  P  F  P  G  V  S  S  K
I  A  P  M  P  A  X  Y  R  X  I  U  I  U
H  X  B  G  W  D  M  P  E  P  S  K  K  L
A  J  U  S  D  E  R  M  S  Y  U  F  G  T
N  G  J  J  P  M  U  S  I  K  A  G  F  U
F  E  R  Y  O  I  F  E  F  T  L  L  B  R
I  R  A  M  A  L  X  C  M  B  R  M  S  A
H  A  H  B  U  D  A  Y  A  E  D  A  Q  L
I  K  M  E  L  O  M  P  A  T  O  D  G  A
Z  A  A  E  S  U  M  W  O  E  R  B  D  M
F  N  T  K  O  R  E  O  G  R  A  F  I  H
```

AKADEMI	SENI
GERAKAN	TUBUH
KOREOGRAFI	MUSIK
KULTURAL	MITRA
BUDAYA	LATIHAN
EMOSI	IRAMA
EKSPRESIF	MELOMPAT
RAHMAT	TRADISIONAL
SIKAP	VISUAL
KLASIK	

26 - Sport

```
B P E M E N A N G Z L E N X
G A T L E T T Z G H R L R A
L Y S A I B B A C L F W K R
H J J K H L K B F K T K E Q
U Z I O E O Y W O P R D J S
G O L F S T K W A S I T U T
W N T P E M A I N R L C A A
E N J X N P E L A T I H R D
T G E R A K A N O I R J A I
O E B M M F U W Q M G W A O
U D N S E P E D A G N E N N
Z V G I M N A S I U M P Q N
G U O V S P E R M A I N A N
G S N P B I S B O L M F B T
```

ATLET   KEJUARAAN
BASKET   WASIT
GERAKAN   PERMAINAN
SEPEDA   PEMAIN
GOLF   STADION
GIMNASIUM   TIM
SENAM   TENIS
HOKI   PELATIH
BISBOL   PEMENANG

27 - Mythologie

```
M A K H L U K M L E D L P B
P A H L A W A N E Q Z K E B
F K B R S C I F G V N I N W
T E E G A I B C E K R I C S
P C N U L K W L N P E T I R
E E C N A E A V D E K O P K
R M A T B K O S A J W Y T E
I B N U I U R A U F J A A
L U A R R A F E Z A M O A B
A R G R I T A V A N D E N A
K U P W N A N D R G E Z J D
U A S I Y N A B U D A Y A I
M N P O L A D A S A R L Z A
D Z F M Y Y S U R G A N L N
```

POLA DASAR
PETIR
PENCIPTAAN
BUDAYA
GUNTUR
LABIRIN
PERILAKU
PAHLAWAN
SURGA
KECEMBURUAN

KEKUATAN
PEJUANG
LEGENDA
GAIB
RAKASA
KEABADIAN
BENCANA
FANA
MAKHLUK

28 - Vakantie #1

```
K O M A T A U A N G O U I P
R K D O E K S P E D I S I O
C D A O B L G N Z X Y D E I
X U N H X I L O L R K Z N P
G R A N S E L Q T K A H L A
R C U F T I K E T J S L V Y
K E B E R A N G K A T A N U
O M L I E L Q M B D U L H N
P H U A M K W M K W R V I G
E H E S K U Y B F A I E J N
R O P P E S Z P V L S H F W
M E R M F U A P E S A W A T
E I Z G I M M S R L A W D A
B E A C U K A I I S H W L X
```

MOBIL   PAYUNG
BEA CUKAI   JADWAL
EKSPEDISI   RANSEL
TIKET   TURIS
KOPER   TREM
DANAU   MATA UANG
MUSEUM   KEBERANGKATAN
RELAKSASI   PESAWAT

29 - Eten #1

```
U  K  G  N  G  U  Q  K  P  S  P  K  B  L
B  A  W  A  N  G  Z  A  X  T  U  N  A  E
C  P  S  Q  L  G  X  C  I  R  X  G  W  M
P  J  F  A  B  A  Y  A  M  O  K  A  A  O
G  U  L  A  L  S  Y  N  K  B  E  R  N  N
Y  S  V  Z  E  A  U  G  A  E  M  A  G  U
D  A  G  I  N  G  D  S  Y  R  A  M  P  W
W  A  P  R  I  K  O  T  U  I  N  H  U  W
G  O  V  H  X  Y  J  G  M  F  G  Y  T  Q
A  U  R  N  D  E  E  Y  A  Q  I  P  I  I
O  P  M  T  P  C  L  V  N  Y  D  I  H  C
B  S  H  V  E  N  A  E  I  F  I  R  G  Z
S  U  P  H  P  L  I  T  S  C  L  V  S  Q
O  P  X  N  N  Y  M  Y  U  P  U  I  A  Z
```

STROBERI	SALAD
APRIKOT	JUS
KEMANGI	SUP
LEMON	BAYAM
JELAI	GULA
KAYU MANIS	TUNA
BAWANG PUTIH	BAWANG
SUSU	DAGING
PIR	WORTEL
KACANG	GARAM

30 - Avontuur

```
J S A N F K M G B J L K W A
Y V N A P E R J A L A N A N
H J T V B C A U R T E M A N
M O U I Z A C A U Z E Z C L
E K S G B N K T U J U A N P
N E I A V T E T Z B M S P E
G S A S K I S A I B M F E S
E U S I S K E N W V T M R I
J L M A L A M T X A I A S A
U I E V T N P A M N F T I R
T T K E A M A N A N M R A B
K A D R M D T G O O W K P S
A N O X J M A A P F U T A K
N S Y Z F L N N R M A O N M
```

AKTIVITAS
TUJUAN
ANTUSIASME
PESIAR
KESEMPATAN
KESULITAN
ALAM
NAVIGASI

BARU
PERJALANAN
KECANTIKAN
TANTANGAN
KEAMANAN
MENGEJUTKAN
PERSIAPAN
TEMAN

31 - Circus

```
M E N G H I B U R Z E A P Z
P A R A D E W L D B X B E Y
T G P P E S U L A P H A N L
O Z A K O S T U M U F L O X
S P E K T A K U L E R O N S
I E B I N A T A N G K N T I
N R F A S T V H M O A L O H
G M B G D I K K A G U J N I
A E C C M U S I K R N J A R
H N V X R W T T Q I I B Q H
M O N Y E T H I W W D M Y Z
A K R O B A T K F F Y F A O
N T D E G X P E M C T R B U
J U G G L E R T E N D A H T
```

MONYET	SIHIR
AKROBAT	MUSIK
BALON	GAJAH
BADUT	PARADE
BINATANG	PERMEN
PESULAP	SPEKTAKULER
JUGGLER	TENDA
TIKET	HARIMAU
KOSTUM	PENONTON
SINGA	MENGHIBUR

32 - Restaurant #2

```
M H T D M S X L H D Z N M M
P A K U E A Y U Z Z O J I I
L P K G S L A I R M D A E N
Q E M A K A N M A L A M P U
I M Z R N D W M C K S S E M
L D G A V S X L C U A E L A
S B A M T H I B O R Y N A N
Q U R G E V K A Y S U D Y F
Z A P B L U A W N I R O A F
G H U G U T N S E G A K N I
Y T F L R X B G F E N Q A H
R E M P A H R E M P A H G H
U Q C A Y I V R V S G B G V
D D U H F Y D V W D Z N A E
```

KUE	MIE
MAKAN MALAM	PELAYAN
MINUMAN	SALAD
TELUR	SUP
BUAH	REMPAH-REMPAH
SAYURAN	KURSI
LEZAT	IKAN
ES	GARPU
SENDOK	AIR
MAKAN SIANG	GARAM

33 - Bijen

```
T  D  E  E  H  P  E  N  Y  E  R  B  U  K
H  F  L  Y  A  S  A  P  S  P  U  Y  G  S
P  J  Q  P  B  S  A  R  A  N  G  Y  Z  A
B  L  I  L  I  N  Y  Y  U  N  P  L  G  Y
A  E  L  Q  T  S  E  R  A  N  G  G  A  A
Z  I  R  V  A  S  V  C  B  N  P  K  H  P
M  V  G  M  T  K  E  B  U  N  G  I  D  M
K  A  R  E  A  F  J  B  A  R  A  T  U  A
A  Z  T  K  N  N  E  O  H  T  R  D  Y  K
W  K  D  A  F  B  F  B  U  N  G  A  Z  A
A  A  U  R  H  A  O  A  A  T  I  N  H  N
N  I  X  R  M  A  I  E  A  H  Q  T  L  A
A  Y  T  H  H  C  R  V  L  T  H  P  N  N
N  I  N  E  K  O  S  I  S  T  E  M  H  R
```

PENYERBUK	RATU
SARANG	ASAP
BUNGA	KEBUN
MEKAR	SAYAP
EKOSISTEM	MAKANAN
BUAH	BERMANFAAT
HABITAT	LILIN
SAYANG	MATAHARI
SERANGGA	KAWANAN

34 - School #1

```
P  U  I  N  T  H  Q  B  M  M  T  T  C  E
F  O  L  D  E  R  I  Y  A  E  I  Q  P  B
B  B  R  K  M  P  Q  F  K  N  J  L  E  A
N  Q  W  R  A  E  B  M  A  Y  K  I  N  A
E  O  H  M  N  R  X  A  N  E  E  U  S  B
V  O  M  Y  S  P  O  O  S  N  R  J  I  E
Y  Y  F  O  B  U  K  U  I  A  T  A  L  S
G  U  R  U  R  S  C  G  A  N  A  W  P  X
U  R  G  F  U  T  U  K  N  G  S  A  E  K
R  P  L  K  J  A  K  K  G  K  J  B  N  U
Z  I  E  F  I  K  V  E  Y  A  Q  A  A  R
B  A  G  F  A  A  S  O  L  N  X  N  O  S
S  S  T  S  N  A  A  L  F  A  B  E  T  I
C  V  M  J  J  N  A  Q  F  Q  S  B  C  R
```

ALFABET	FOLDER
JAWABAN	KERTAS
PERPUSTAKAAN	PENA
BUKU	MENYENANGKAN
NOMOR	PENSIL
UJIAN	KUIS
KELAS	KURSI
GURU	TEMAN
MAKAN SIANG	

35 - Wandelen

```
M L V K Z A P E T A L A M I
D O U Z C R P H A E L B T Z
A M G P Q A P J M N B V O B
F Y N W I J U C A M P I N G
M B R G G U N U N G M B N Y
O E V J L I C O L T K A P G
N R A B I N A T A N G T E B
W A I I A G K I N T K U R A
S T K E R D N C Y K M L S H
L Q L T N M A T A H A R I A
E S I W Q T D B M S T N A Y
L T M S E P A T U B O T P A
A L R V I D V S K S N G A P
H Z D V B O P F I M V K N G
```

GUNUNG	ALAM
BINATANG	ORIENTASI
BAHAYA	TAMAN
PETA	BATU
CAMPING	PUNCAK
TEBING	PERSIAPAN
IKLIM	AIR
SEPATU BOT	LIAR
LELAH	MATAHARI
NYAMUK	BERAT

36 - Ecologie

```
Q R G U N U N G I V J K E R
Z W A R D N R V C E E J K E
Z N L W Y S P A M G N I O L
K K A X A A V R F E I T M A
G L O B A L L I V T S I U W
O E T P M Z T A N A M A N A
Q B X P X V D S M S T C I N
N F I J V S S I S I H Z T G
A L A M E W F K I K A M A L
K Y P O U A A L I V B R S A
B F M C X M U I O Q I S Q U
Z H E U B X N M Q R T B C T
P E R B E D A A N P A Q Y W
B E R K E L A N J U T A N Y
```

GUNUNG	LAUT
PERBEDAAN	RAWA
BERKELANJUTAN	ALAM
FAUNA	ALAMI
FLORA	TANAMAN
KOMUNITAS	JENIS
GLOBAL	VARIASI
HABITAT	VEGETASI
IKLIM	RELAWAN

37 - Installaties

```
V R N U C N B A M B U S B Z
N C U U T H E R B A H G O L
Q R V M H H R I U L L W T U
R P O D P L R B N K J A A M
W P T K K U Y U G A D O N U
C F Z B H V T V A K I A I T
Z R L H G P E T Z T M O U A
K E B U N U J G X U C D M N
R R J T P P S D E S E M A K
S F O A O U J P D T W E K A
I V Y N H K F L O R A G A C
W P T A O O P J M S C S R A
R F F I N P B T Y F R O I N
D E D A U N A N S C N Z Q G
```

BAMBU	RUMPUT
BERRY	IVY
DAUN	HERBA
BUNGA	PUPUK
POHON	LUMUT
KACANG	BOTANI
HUTAN	SEMAK
KAKTUS	KEBUN
FLORA	VEGETASI
DEDAUNAN	AKAR

38 - School #2

```
A M Z K E R T A S U D L A A
T A T A T A B A H A S A K K
U T W S K A L E N D E R A H
N E V T D L S R B I S S D I
Y M R A N S E L P U G S E R
S A S T R A T R E E K J M P
E T K I L M U B N T N U I E
P I G A Z F L I D D W A K K
A K K Q M V B K I D T A R A
T A R M C U J Z D G U R U N
U S D I W S P I Q Y N B M
P E N S I L A Z K M M D C T
J P E R P U S T A K A A N C
G U N T I N G K N Q J L G P
```

AKADEMIK   PENA
PERPUSTAKAAN   PENSIL
BUKU   RANSEL
BIS   GUNTING
TATA BAHASA   SEPATU
KALENDER   AKHIR PEKAN
GURU   ILMU
SASTRA   MATEMATIKA
PENDIDIKAN   KAMUS
KERTAS

39 - Oceaan

```
N  T  T  O  U  B  Z  O  O  P  U  Q  A  Z
K  U  I  X  T  E  T  P  M  U  D  A  N  G
A  N  R  D  B  L  D  P  X  B  A  D  A  I
R  A  A  O  O  U  Y  S  E  U  A  H  E  B
A  F  M  S  F  T  M  L  X  R  E  K  B  G
N  M  R  X  Y  X  Y  U  G  U  R  I  T  A
G  K  A  G  A  Q  J  M  R  B  Y  S  T  R
S  E  C  L  C  L  M  B  O  U  A  F  E  A
L  P  B  P  G  I  K  A  N  R  B  I  R  M
V  I  O  E  P  A  Z  L  H  I  U  W  U  O
M  T  R  N  A  L  J  U  P  A  U  S  M  K
G  I  B  Y  S  A  N  M  V  P  F  D  B  F
X  N  Y  U  S  M  E  B  J  E  B  Q  U  O
W  G  F  Q  P  E  R  A  H  U  Y  L  H  A
```

BELUT	GURITA
ALGA	TIRAM
PERAHU	TERUMBU
LUMBA-LUMBA	PENYU
UDANG	SPONS
OMBAK	BADAI
HIU	TUNA
KARANG	IKAN
KEPITING	PAUS
UBUR-UBUR	GARAM

40 - Landen #2

```
I V Y Q L I B A N O N Y U P
R Y T J I U G Q O M U U K E
L C N I B I Y Z H A G N R R
A X I N E G D L M L A A A A
N K G D R R E P R A N N I N
D N E O I U N T V Y D I N C
I Q R N A S M N H S A B A I
A X I E Y I A E P I L J C S
G L A S H A R P L A O E Q I
W W W I O T K A A X Z P F C
S O M A L I A L O L E A I R
S U R I A H A J S V M N D A
F N X F Y L A M T V Q G V B
M E K S I K O T U S L D O T
```

DENMARK   LIBERIA
ETHIOPIA   MALAYSIA
PERANCIS   MEKSIKO
YUNANI   NEPAL
IRLANDIA   NIGERIA
INDONESIA   UGANDA
JEPANG   UKRAINA
KENYA   RUSIA
LAOS   SOMALIA
LIBANON   SURIAH

41 - Bloemen

```
P  L  F  M  A  W  A  R  N  M  E  D  G  K
A  A  I  E  Y  I  M  Y  A  B  I  A  R  E
S  V  P  L  U  M  E  R  I  A  J  N  X  L
S  E  R  A  Y  R  N  N  Q  X  T  D  A  O
I  N  R  T  B  H  V  Z  B  U  K  E  T  P
O  D  D  I  X  Y  I  D  L  V  S  L  D  A
N  E  G  A  R  D  E  N  I  A  E  I  A  K
F  R  M  O  I  P  E  O  N  Y  M  O  F  A
L  I  L  A  C  S  L  W  W  T  A  N  F  N
O  W  V  L  D  X  Y  B  Z  U  N  H  O  G
W  H  T  P  O  P  P  Y  K  L  G  I  D  G
E  M  A  G  N  O  L  I  A  I  G  C  I  R
R  H  N  D  H  P  Y  D  O  P  I  L  L  E
N  H  I  B  I  S  C  U  S  P  A  D  L  K
```

KELOPAK	MAGNOLIA
BUKET	DAFFODIL
GARDENIA	ANGGREK
HIBISCUS	DANDELION
MELATI	POPPY
SEMANGGI	PASSIONFLOWER
LAVENDER	PEONY
LILY	PLUMERIA
LILAC	MAWAR
DAISY	TULIP

42 - Huisdieren

```
H C W W E X V A I V D C D G
M A I R H R E J K A B S I D
F K M A K A N A N G N Z B O
R A H S Q T N H K N E R C K
P R D A T A N J I N G E F T
K U K P U E C Z T W I R V E
E K P I B U R U N G B E O R
L A M P K E R A H A T E C H
I D Z E Y E I V A U G E H E
N A B N Q I K A M B I N G W
C L R Y Z C A O M A X C S A
I U K U C I N G R Y V B R N
T E T I K U S U M D E X E L
T M V Z U M E L R X T R L I
```

DOKTER HEWAN
KAMBING
KADAL
HAMSTER
ANJING
KUCING
SAPI
KELINCI
KERAH

TETIKUS
BURUNG BEO
CAKAR
PUPPY
PENYU
EKOR
IKAN
MAKANAN
AIR

43 - Landschappen

```
P  M  T  H  M  D  M  G  G  E  Y  S  E  R
O  A  S  I  S  A  H  U  S  U  N  G  A  I
R  G  U  N  U  N  G  N  M  B  A  X  X  S
A  L  E  M  B  A  H  U  H  H  R  U  K  M
W  E  B  Y  V  U  D  N  T  U  N  D  R  A
A  T  G  U  N  U  N  G  E  S  M  L  Z  A
F  S  O  P  R  S  T  B  S  R  I  A  X  I
O  E  G  U  R  U  N  E  F  N  O  U  H  R
Q  R  I  P  U  G  I  R  L  H  O  T  L  T
O  D  F  U  A  H  N  A  G  U  X  M  X  E
R  A  M  L  Q  N  J  P  B  U  K  I  T  R
X  I  K  A  N  R  T  I  Y  S  D  Q  T  J
D  G  P  U  E  C  Z  A  F  H  K  A  A  U
E  O  B  D  T  V  F  Z  I  S  N  E  F  N
```

GUNUNG	OASIS
PULAU	SUNGAI
GEYSER	PANTAI
GLETSER	TUNDRA
TELUK	LEMBAH
GUA	GUNUNG BERAPI
BUKIT	AIR TERJUN
GUNUNG ES	GURUN
DANAU	LAUT
RAWA	

44 - Tuin

```
O R C H A R D O R K K G B N
B E R A N D A T L J E G Z X
Q Y B J T S E M A K T B Z X
P M E N Y A P U X N A X U R
A P O H O N V V H A B S N
G T R A M P O L I N D H E B
A A G U L M A I N T E A L A
R Z R V J O W V E O O Z A N
U V C A W H K O L A M H N G
M A E I S E K O P I F Z G K
P Y H Q Z I X B U N G A W U
U T E R A S S A Q Z Y G P P
T Q V L K O V T Q K C S Y F
U B B H I F X U G L S I S F
```

BANGKU	BATU
BUNGA	SEKOP
TANAH	SELANG
POHON	SEMAK
ORCHARD	TERAS
GARASI	TRAMPOLIN
RUMPUT	KEBUN
MENYAPU	BERANDA
PAGAR	KOLAM
GULMA	VINE

45 - Katten

```
H T C R E K O R L Z M R Z C
G K E C I L B B H U O R O E
Z X R E M I N V L P X M E P
L H I X T A O V T V F C O A
P U A H C R L H O B U L U T
E N C G I A F U I E D Y Q D
N T B U I D K G J N A W P M
A E Q O J M N A N A P G G K
S R C E K A K I R N N I Q N
A A Y T A N U P H G A L Y R
R A E D Y D S P L T C A N Q
A Z W I T I D U R N K Z M T
N H K E P R I B A D I A N G
U Q T E T I K U S S I A M R
```

BULU	MANDIRI
BENANG	KEPRIBADIAN
GILA	KAKI
LUCU	TIDUR
HUNTER	CEPAT
CAKAR	CERIA
KECIL	EKOR
TETIKUS	MALU
PENASARAN	LIAR

46 - Beroepen #2

```
D C M A H L I B I O L O G I
D O A U S G L N D T N E A F
O W K I H U U L S F M E U F
K A A T P R S P P I L O T O
T R H D E U T P E L N K L T
E T L E L R R U N S A Y K O
R A I T U P A S E U H A U G
G W B E K E T T L F L S L R
I A A K I N O A I T I T M A
G N H T S E R K T Q B R B F
I W A I A M U A I K E O N E
B N S F J U U W T A D N E R
Z Y A H P E T A N I A O G S
L M H L J J M N Z O H T I P
```

DOKTER
ASTRONOT
PUSTAKAWAN
AHLI BIOLOGI
PETANI
AHLI BEDAH
DETEKTIF
FILSUF
FOTOGRAFER
ILUSTRATOR

INSINYUR
WARTAWAN
GURU
AHLI BAHASA
PENELITI
PILOT
PELUKIS
DOKTER GIGI
PENEMU

47 - Komedie

```
M B F R L H P T Z C W V T L
C T E P U K T A N G A N A E
K E W F C R L K F M K U W L
P Z R N U P K U Q P T N A U
Z A T D D U L M L E R T I C
T K R N I T E L E V I S I O
E T H O E K S P R E S I F N
A O B A D U T W O Q R K N A
T R M Y D I K T G H U M O R
E Z U Z T I Q C L W F A F A
R I K I M P R O V I S A S I
U N H K K B Q I N G D D D C
F B H R M L G E N R E L K A
M E N Y E N A N G K A N D V
```

AKTOR
AKTRIS
TEPUK TANGAN
BADUT
EKSPRESIF
TAWA
GENRE
LELUCON
LUCU

HUMOR
IMPROVISASI
PARODI
MENYENANGKAN
HADIRIN
CERDIK
TELEVISI
TEATER

48 - Dagen en Maanden

```
I  E  D  J  B  U  L  A  N  C  G  Z  J  N
H  K  C  U  A  Z  Y  E  X  K  T  Y  U  O
Q  Z  B  N  N  N  X  S  E  N  I  N  M  V
O  Z  E  I  B  G  U  K  A  M  I  S  A  E
O  K  T  O  B  E  R  A  M  B  D  S  T  M
S  E  L  A  S  A  H  F  R  S  T  J  Z  B
E  K  A  L  E  N  D  E  R  I  T  U  M  E
P  W  H  A  S  A  L  B  T  P  O  L  I  R
T  E  H  A  N  Y  G  R  S  W  U  I  N  X
E  U  P  P  U  M  T  U  V  N  T  H  G  E
M  F  A  R  J  Z  Y  A  S  U  A  B  G  K
B  P  T  I  E  M  A  R  E  T  H  K  U  H
E  C  L  L  S  H  J  I  T  G  U  H  P  R
R  R  A  B  U  L  W  U  P  H  N  S  R  A
```

APRIL	BULAN
AGUSTUS	SENIN
SELASA	MARET
KAMIS	NOVEMBER
FEBRUARI	OKTOBER
TAHUN	SEPTEMBER
JANUARI	JUMAT
JULI	RABU
JUNI	SABTU
KALENDER	MINGGU

49 - Beeldende Kunsten

```
P  K  L  I  L  I  N  R  M  J  E  K  P  B
E  A  E  J  A  T  T  K  A  P  U  R  E  E
N  R  T  R  R  A  K  Y  H  X  E  E  R  Q
Y  T  A  U  A  L  P  O  A  E  T  A  S  Y
A  I  N  B  N  M  Z  K  K  L  Z  T  P  P
N  S  A  K  G  G  I  D  A  U  P  I  E  O
G  B  H  I  O  J  D  K  R  K  S  V  K  T
G  X  L  G  Q  M  R  E  Y  I  K  I  T  R
A  B  I  J  J  U  P  Q  A  S  R  T  I  E
Q  Z  A  I  X  T  E  O  R  A  J  A  F  T
F  P  T  E  Y  J  R  L  S  N  F  S  R  L
P  E  N  S  I  L  N  F  V  I  F  O  T  O
B  N  Q  W  V  Y  I  D  U  R  S  E  S  C
V  A  F  I  L  M  S  W  B  C  H  I  M  T
```

ARTIS	MAHAKARYA
PATUNG	PENA
KREATIVITAS	PERSPEKTIF
PENYANGGA	POTRET
FILM	PENSIL
FOTO	KOMPOSISI
ARANG	LUKISAN
KERAMIK	PERNIS
TANAH LIAT	LILIN
KAPUR	

50 - Menselijk Lichaam

```
X  R  Z  F  O  D  N  I  D  M  Y  T  M  Y
B  D  E  F  V  Y  M  H  J  A  R  I  D  H
L  A  V  J  N  E  M  E  B  T  R  G  W  V
C  G  H  I  D  U  N  G  R  A  H  A  N  G
M  U  L  U  T  U  L  B  H  F  A  L  H  F
F  Z  Z  P  U  M  I  O  Q  M  L  T  A  Z
L  E  H  E  R  M  D  P  E  R  U  T  T  U
U  T  K  Z  Q  G  A  C  E  G  Y  E  I  F
T  A  N  G  A  N  H  W  Q  A  C  L  W  T
U  K  A  K  I  E  Z  K  U  W  I  I  Y  W
T  D  Q  T  F  P  V  O  U  D  P  N  I  W
L  R  R  Y  Z  H  G  T  C  L  P  G  X  K
G  L  M  R  K  E  P  A  L  A  I  A  K  V
C  M  V  N  E  S  I  K  U  M  V  T  Q  A
```

KAKI	LUTUT
DARAH	PERUT
SIKU	MULUT
TANGAN	LEHER
HATI	HIDUNG
OTAK	MATA
KEPALA	TELINGA
KULIT	BAHU
RAHANG	LIDAH
DAGU	JARI

51 - Gebouwen

```
P  P  S  K  A  B  I  N  H  U  B  O  N  X
E  A  T  E  A  L  T  U  O  N  I  B  N  F
R  B  A  D  K  S  P  A  T  I  O  S  A  L
T  R  D  D  R  O  T  O  E  V  S  E  P  A
A  I  I  Z  B  L  L  I  L  E  K  R  A  B
N  K  O  T  E  N  D  A  L  R  O  V  R  O
I  W  N  G  B  T  F  L  H  S  P  A  T  R
A  M  E  N  A  R  A  M  I  I  T  T  E  A
N  U  G  A  L  I  F  P  Y  T  L  O  M  T
O  S  M  K  E  D  U  T  A  A  N  R  E  O
T  E  A  T  E  R  Z  P  O  S  X  I  N  R
S  U  P  E  R  M  A  R  K  E  T  U  A  I
U  M  G  U  D  A  N  G  B  X  R  M  V  U
R  U  M  A  H  S  A  K  I  T  B  W  U  M
```

KEDUTAAN	OBSERVATORIUM
APARTEMEN	SEKOLAH
BIOSKOP	GUDANG
PERTANIAN	STADION
KABIN	SUPERMARKET
PABRIK	TENDA
HOTEL	TEATER
KASTIL	MENARA
LABORATORIUM	UNIVERSITAS
MUSEUM	RUMAH SAKIT

52 - Kunst

```
U M J V S K S M R U Z P S S
G E U F W U O U B U T U I E
Y K Y U D R M B I D I M D
U S J U J U R E P J K S B E
W P P A T U N G A L E I O R
P R I B A D I T V L E K L H
U E B C M K E R A M I K V A
O S K O M P O S I S I S S N
V I S U A L Q Y V H O S M A
M E N G G A M B A R K A N E
L U K I S A N Z D Q B S R T
S U A S A N A H A T I L A W
T E R I N S P I R A S I X A
I D N R W Q F F R M V P X C
```

PATUNG	PRIBADI
KOMPLEKS	PUISI
SEDERHANA	MENGGAMBARKAN
JUJUR	KOMPOSISI
TERINSPIRASI	LUKISAN
SUASANA HATI	SUREALISME
KERAMIK	SIMBOL
SUBJEK	EKSPRESI
ASLI	VISUAL

53 - Beroepen #1

```
D K A A H L I G E O L O G I
O A S T A S T R O N O M A E
K R K Z L W D O K T E R Q D
T T H N P E O G M P S V T I
E O H U D U T A B E S A R T
R G P M N V N Y A N P I X O
H R C I W T S X O A E T P R
E A A P O T E K E R R R S Y
W F B B A S K R P I A N I S
A E T A Y C Y O W B W C K S
N R P E N G A C A R A S O R
V Y I M F K D Q T K T K L Y
H A F M U S I S I G U L O W
I L M U W A N R E H V D G U
```

PENGACARA   DOKTER
DUTA BESAR   EDITOR
APOTEKER   AHLI GEOLOGI
ASTRONOM   HUNTER
ATLET   MUSISI
BANKIR   PIANIS
KARTOGRAFER   PSIKOLOG
PENARI   PERAWAT
DOKTER HEWAN   ILMUWAN

54 - Kastelen

```
D D D I P M Q A W P J A T S
W U I S N D D R P E K I U B
P K N N X N U I B B V U Q N
A E A G D Z G M A H K O T A
N K S K E I B S L C Y S C G
G A T S J O N J D J K J H A
E I I A L P N G F E O D A L
R S F T V E U N I C O R N M
A A O R V R E T N B Z M B E
N R G I Z I K E R A J A A N
O A X A Y S U J Z I R A H A
C N T Z Y A D I S T A N A R
L S M U L I A P E D A N G A
K A T A P E L S R S Z H K F
```

NAGA	DINDING
DINASTI	KUDA
MULIA	ISTANA
UNICORN	PANGERAN
FEODAL	PUTRI
ZIRAH	KSATRIA
KATAPEL	KEKAISARAN
DUNGEON	PERISAI
KERAJAAN	MENARA
MAHKOTA	PEDANG

55 - Insecten

```
C A C I N G T I C S H K K K
U Y Q X M N T O E E O F U Z
J H S W W A P S Q M R H P E
P I C A P U N G R U N V U Y
L E B A H C C T M T E V K M
W G J A N G K R I K T R U J
N B G K L E U U J S K A P X
E V N G E N G A T Z U P U C
J I T K W C S H A U M H U O
R P Z L I I O D W R B I M G
D N Y A M U K A O I A D V L
J P Q R A Y A P N B N R A W
P F P V N U F T S T G G F Z
D Z W A B E L A L A N G S H
```

MANTIS
LEBAH
APHID
JANGKRIK
HORNET
KECOA
KUMBANG
LARVA
CAPUNG

SEMUT
NGENGAT
NYAMUK
BELALANG
RAYAP
KUPU-KUPU
KUTU
TAWON
CACING

56 - Antarctica

```
W G S E M E N A N J U N G C
P J D L T A W A N I T M O J
P W A D E E K S P E D I S I
P E N E L I T I T X L N B T
E D N K U A O P G L F E S O
L I N G K U N G A N F R U P
E Z F Z U F Z I L M I A H O
P U L A U I X I B T M L U G
W U O E N L N A E B I Y F R
D G L E T S E R N V G B E A
G E O G R A F I U U R W M F
R O C K Y B I D A L A Q Q I
D I K O N S E R V A S I X L
M K F S S W X D O X I F G F
```

TELUK	LINGKUNGAN
KONSERVASI	PENELITI
BENUA	PENGUIN
PULAU	ROCKY
EKSPEDISI	SEMENANJUNG
GEOGRAFI	SUHU
GLETSER	TOPOGRAFI
ES	AIR
MIGRASI	ILMIAH
MINERAL	AWAN

57 - Ballet

```
K  I  N  T  E  N  S  I  T  A  S  J  Y  A
F  O  H  A  D  I  R  I  N  S  I  K  A  P
Y  P  R  A  K  T  E  K  X  G  T  X  Y  H
O  R  K  E  S  T  R  A  G  I  Z  V  A  M
Z  W  B  O  O  E  K  S  P  R  E  S  I  F
O  T  O  T  M  G  P  E  N  A  R  I  J  H
X  E  D  H  U  P  R  H  F  M  U  B  A  J
U  K  E  K  S  T  O  A  G  A  Y  A  L  S
W  N  B  Z  I  Q  I  S  F  Q  W  L  A  A
L  I  S  E  K  C  O  U  E  I  X  E  T  N
S  K  E  R  Z  R  H  Y  B  R  X  R  I  G
T  E  P  U  K  T  A  N  G  A  N  I  H  G
G  T  A  R  T  I  S  T  I  K  I  N  A  U
G  N  B  G  N  K  E  A  H  L  I  A  N  N
```

TEPUK TANGAN	ORKESTRA
ARTISTIK	PRAKTEK
BALERINA	HADIRIN
KOREOGRAFI	LATIHAN
KOMPOSER	IRAMA
PENARI	ANGGUN
EKSPRESIF	OTOT
SIKAP	GAYA
INTENSITAS	TEKNIK
MUSIK	KEAHLIAN

58 - Vissen

```
D F K T F M C R W J S F C P
P G B C L A U T I Y U V K A
Z B R Q M S P S G W N C B N
Y Z H N W A E N I A G M E T
L B F T H K R L U M A K R A
K E R A N J A N G R I E L I
N R F D S H L G A A I S E D
H A I R A O A P Y H O A B U
Z T G Z O N T F Z A K B I M
S A H I D N A P Q N A A H P
G I C U E F N U J G I R A A
N V R P E R A H U V T A N N
O F H I I N S A N G X N D I
X V D A P T U C W K A W A T
```

UMPAN	KERANJANG
PERALATAN	DANAU
PERAHU	LAUT
KAWAT	BERLEBIHAN
KESABARAN	SUNGAI
BERAT	MUSIM
KAIT	PANTAI
RAHANG	SIRIP
INSANG	AIR
MASAK	

59 - Fruit

```
N  B  A  P  E  L  J  L  P  A  M  P  K  R
E  E  S  X  P  K  M  E  E  P  E  I  I  H
C  R  F  X  R  Y  T  M  R  R  L  S  W  R
T  R  W  A  A  O  W  O  S  I  O  A  I  T
A  Y  M  A  P  V  C  N  I  K  N  N  S  U
R  N  A  N  A  S  A  E  K  O  O  G  C  Z
I  Z  N  U  F  O  S  N  R  T  Y  M  A  I
N  T  G  M  S  M  X  E  G  I  O  H  Y  V
E  B  G  P  L  V  D  T  A  G  T  O  Y  P
C  U  A  E  S  T  C  R  K  A  U  S  C  A
R  A  S  P  B  E  R  R  Y  Z  D  R  D  P
W  R  F  A  Z  A  D  K  E  L  A  P  A  R
G  U  Z  Y  B  F  I  J  E  R  U  K  H  E
F  U  O  A  L  P  U  K  A  T  T  K  E  M
```

APRIKOT	KIWI
NANAS	KELAPA
APEL	MANGGA
ALPUKAT	MELON
PISANG	NECTARINE
BERRY	JERUK
LEMON	PEPAYA
ANGGUR	PIR
RASPBERRY	PERSIK
CERI	PREM

60 - Literatuur

```
P U I S I A N A L I S I S D
E U A N E K D O T D F K A I
N B I O G R A F I N R C J A
U K H T P F I K S I O N A L
L V C X I A P T K X J V K O
I J L X W S A E A I G U E G
S Q F I O W U M N E N O I L
M E T A F O R A A D I Q W M
G F R K Z N L K L F A O U L
A N A R A T O R O Z F P K E
Y B G S X F M R G B B Q A D
A P E R B A N D I N G A N T
G O D O D C W I R A M A W K
H C I K E S I M P U L A N X
```

ANALOGI	METAFORA
ANALISIS	PUITIS
ANEKDOT	SAJAK
PENULIS	IRAMA
BIOGRAFI	NOVEL
KESIMPULAN	GAYA
DIALOG	TEMA
FIKSI	TRAGEDI
PUISI	PERBANDINGAN
PENDAPAT	NARATOR

61 - Technologie

```
P O G Z O U P D R K M U X L
L E S Z V Q E I O E J I S W
K Q S P E N R G Z A K P T K
K U H A Y F A I L M A Y A N
O R R X N H M T L A M D T I
M W Y S F A B A E N E V I N
P G B L O G A L V A R I S T
U T Y C N R A L N A R T E
T Q T E T I S B E A A U I R
E Z E Z Z S U E F M Y S K N
R K X D E E J Y R S R A F E
K B Q A C T T F T F O Y R T
K E E T N I R S Z B F V A S
I U Z A A A W P H K J S G L
```

PESAN
FAIL
BLOG
PERAMBAN
BYTE
KAMERA
KOMPUTER
KURSOR
DIGITAL

DATA
INTERNET
FONT
RISET
LAYAR
STATISTIK
KEAMANAN
MAYA
VIRUS

62 - Boeken

```
I  Z  P  V  V  L  G  N  S  D  J  D  W  B
N  D  C  E  M  L  K  O  M  F  I  U  X  J
V  R  Z  N  M  T  K  V  K  U  P  A  D  E
E  E  G  M  T  B  H  E  O  J  Q  L  J  P
N  L  U  C  U  R  A  L  F  P  U  I  S  I
T  H  K  D  M  Z  A  C  R  K  V  T  S  K
I  A  O  I  K  P  D  G  A  L  Y  A  A  O
F  L  N  T  H  C  E  R  I  T  A  S  S  L
C  A  T  U  G  P  C  Y  B  S  X  Z  T  E
K  M  E  L  P  E  N  U  L  I  S  H  R  K
N  A  K  I  W  A  T  A  K  U  B  L  A  S
E  N  S  S  R  E  L  E  V  A  N  V  B  I
P  E  T  U  A  L  A  N  G  A  N  U  B  V
H  I  S  T  O  R  I  S  T  Z  X  Y  S  A
```

PENULIS	INVENTIF
PETUALANGAN	WATAK
HALAMAN	PEMBACA
KOLEKSI	SASTRA
KONTEKS	PUISI
DUALITAS	RELEVAN
EPIK	NOVEL
DITULIS	TRAGIS
HISTORIS	CERITA
LUCU	

63 - Meer Informatie

```
T  B  A  G  G  L  X  U  I  O  R  T  Q  F
O  I  P  L  A  N  E  T  Y  U  O  J  J  A
Q  O  I  E  I  L  Y  D  K  O  B  L  V  N
Y  S  Q  E  B  T  A  M  A  D  O  T  F  T
E  K  S  T  R  E  M  K  E  K  T  E  U  A
O  O  F  R  L  M  Q  X  S  E  A  K  T  S
B  P  O  D  O  U  T  O  P  I  A  N  U  T
U  I  W  R  S  K  E  N  A  R  I  O  R  I
K  L  S  N  A  H  F  B  P  E  M  L  I  S
U  U  J  C  Q  C  I  N  D  T  D  O  S  F
T  S  Q  H  D  M  L  C  P  N  U  G  T  C
M  I  M  A  J  I  N  E  R  I  N  I  I  P
B  J  J  B  D  I  S  T  O  P  I  A  K  K
R  E  A  L  I  S  T  I  S  V  A  J  P  B
```

BIOSKOP	GAIB
BUKU	ORACLE
API	PLANET
IMAJINER	REALISTIS
DISTOPIA	ROBOT
LEDAKAN	SKENARIO
EKSTREM	GALAKSI
FANTASTIS	TEKNOLOGI
FUTURISTIK	UTOPIA
ILUSI	DUNIA

64 - Regenwoud

```
S D I P E L E S T A R I A N
B E K O M U N I T A S E F P
B Z L R E S T O R A S I Q L
B K I W V W K L P I Q B U U
A U M E N G H O R M A T I M
B S R M J J U X K M E S G U
Y O L U H W T J E N I S W T
F I T I N L A F A A L A M F
L W C A M G N L W U R M A A
T D B L N L Y A A N F F M H
W P A R N I G W N G P I A G
S E R A N G G A T A E B L A
P E R B E D A A N N C I I S
B E R H A R G A Q A H E A C
```

AMFIBI
PELESTARIAN
BOTANI
PERBEDAAN
KOMUNITAS
ASLI
SERANGGA
HUTAN
IKLIM
LUMUT

ALAM
MENGHORMATI
RESTORASI
JENIS
NAUNGAN
BURUNG
BERHARGA
AWAN
MAMALIA

65 - Haartypes

```
B D I K E P A N G Q K B P A
T E B A L W M S I P E E E O
C M R F M I G N V U R R R M
H O T K I K A L N T I G A D
I M K P I R A N G I N E K P
T X C E A L U S X H G L B A
A H U Z L D A W G V V O E N
M R L A P A B U A B U M R J
L E M B U T T B H Q B B W A
K E R I T I N G O S O A A N
O P E N D E K N U T G N R G
E V G L B D Q V D W A G N G
L P U J Q G Z D X S D K A J
M Z O Q T I P I S E H A T F
```

PIRANG	ABU-ABU
COKELAT	BOTAK
TEBAL	PENDEK
KERING	IKAL
TIPIS	KERITING
BERWARNA	PANJANG
DIKEPANG	PUTIH
SEHAT	LEMBUT
BERKILAU	PERAK
BERGELOMBANG	HITAM

66 - Stad

```
F  P  L  Y  T  E  A  T  E  R  U  Y  L  Q
A  A  E  F  A  R  M  A  S  I  I  F  B  U
Z  S  H  R  Q  X  G  S  E  K  O  L  A  H
B  A  N  K  P  S  S  T  A  D  I  O  N  M
B  R  K  V  D  U  R  H  U  O  T  R  D  U
I  F  L  Y  X  P  S  E  O  C  Q  I  A  S
O  W  I  M  V  E  T  T  S  T  C  S  R  E
S  A  N  W  W  R  M  N  A  T  E  T  A  U
K  E  I  H  J  M  Z  F  X  K  O  L  F  M
O  Q  K  P  J  A  X  U  J  N  A  R  K  Y
P  T  O  K  O  R  O  T  I  J  O  A  A  D
L  D  L  B  L  K  G  A  L  E  R  I  N  N
W  U  N  I  V  E  R  S  I  T  A  S  G  Z
T  O  K  O  W  T  O  K  O  B  U  K  U  W
```

FARMASI	BANDARA
TOKO ROTI	PASAR
BANK	MUSEUM
PERPUSTAKAAN	RESTORAN
BIOSKOP	SEKOLAH
FLORIST	STADION
TOKO BUKU	SUPERMARKET
GALERI	TEATER
HOTEL	UNIVERSITAS
KLINIK	TOKO

67 - Natuur

```
B N W F L J V F O X H E R V
K K B E E S S I A Q W D I Q
T A U S B E W E T E B I N G
G E B O A J D E D A U N A N
L R N U H A P J H P L A K B
E O S A T T G P U N K M E Y
T S U Y N A R K T I K I C E
S I A S V G J W A I D S A D
E A K T B U B I N A T A N G
R P A E T R O P I S B U T O
F C W U S U N G A I M A I E
H I A Q Y N R E K D D X K T
P E N A M P U N G A N K A F
O G F J Z B W L I A R J N Q
```

ARKTIK	KABUT
LEBAH	SUNGAI
HUTAN	KECANTIKAN
BINATANG	PENAMPUNGAN
DINAMIS	TENANG
EROSI	TROPIS
DEDAUNAN	VITAL
GLETSER	LIAR
SUAKA	GURUN
TEBING	AWAN

68 - Dinosaurussen

```
K U X H I L A N G N Y A S S
S K J E N I S S B G N Y E O
Z U T R E P T I L K N P T M
F R I B M K B U M I I H A N
G A C I B A O K U A T F N I
E N W V J H N R U W G B H V
V P F O S I L G Q X J N N O
O G R R Z I B E S A R I J R
L L M A M M O T H A O W M A
U U H P P R A S E J A R A H
S R M H D T P F T P T F B U
I L X Z V E O V T D X N F N
K A R N I V O R A R M F D Q
S A Y A P A S K X B Q C A R
```

BUMI   PRASEJARAH
KARNIVORA   MANGSA
EVOLUSI   REPTIL
FOSIL   RAPTOR
BESAR   JENIS
UKURAN   EKOR
HERBIVORA   HILANGNYA
KUAT   SETAN
MAMMOTH   SAYAP
OMNIVORA

69 - Zoogdieren

```
B E R A N G B E R A N G K K
U I B U J J O K D T K V U A
O M O N Y E T P E Y G E D N
S P Y T K R Y S R L G B A G
E L G A J A H T L J I P F U
R U B A H P L J Y A S N C R
I M I S S A X J J G I X C U
G B Z N Y H K U C I N G K I
A A W P Y H A V O A G Y E Z
L L N K P D M J Y A A K L W
A U A J E I B E O B P F E P
T M L S I C I P T P B E D A
S B F K O N N S E P L L A U
B A N T E N G O R I L A I S
```

MONYET	KANGURU
BERANG-BERANG	KUCING
COYOTE	KELINCI
LUMBA-LUMBA	SINGA
KELEDAI	GAJAH
KAMBING	KUDA
JERAPAH	BANTENG
GORILA	RUBAH
ANJING	PAUS
UNTA	SERIGALA

70 - 1 Jaar Geleden

```
B C C A M D M Z M P J J G Z
I E P S E X O R P C C F T Q
J R L Y M B M E N A W A N H
A D U I B E A R T I S T I K
K A C K A R N G X N A X D S
S S U V N S D Y U Y B H E E
A U I V T I I A B S A X R D
N J T J U H R B I I R D M E
A Q L T D P I I X W Z G A R
M E N E N T U K A N S H W H
P E N A S A R A N R H C A A
J P U E J D E F I S I E N N
P E R C A Y A D I R I Q C A
H M E P R A K T I S O X C F
```

ARTISTIK
MEMBANTU
SEDERHANA
MENENTUKAN
MENAWAN
EFISIEN
ASYIK
BAGUS
LUCU

DERMAWAN
CERDAS
PENASARAN
MANDIRI
SABAR
PRAKTIS
BERSIH
BIJAKSANA
PERCAYA DIRI

71 - Exploratie

```
U M R B K E B E R A N I A N
D N W V V V O L Z W K Y B K
B I C B L G W S I W I N U E
A X K B I N A T A N G U O L
R L K E G E M B I R A A N E
U A I T T L B R D B W B A L
X Q J A E A A U N E Z E K A
Y H A N R K H S E R K P T H
V R U A N G A U U B W E I A
D T H I M H Y D I A A R V N
B U D A Y A A N I H B G I G
A P E N E M U A N A M I T V
B A H A S A B E F Y X A A P
K V D U H S M E D A N N S D
```

AKTIVITAS
TEKAD
BUDAYA
BINATANG
BERBAHAYA
BAHAYA
KEBERANIAN
BARU
DIKETAHUI

PENEMUAN
KEGEMBIRAAN
BEPERGIAN
RUANG
BAHASA
MEDAN
KELELAHAN
JAUH
LIAR

72 - Voertuigen

```
I  H  F  A  P  S  A  W  R  A  K  I  T  Q
P  E  Z  D  V  E  L  M  N  L  P  N  Q  D
T  L  S  V  F  P  R  V  B  N  G  M  U  R
S  I  K  D  Y  E  O  A  K  U  F  E  R  I
D  K  U  S  I  D  G  N  H  Y  L  A  U  I
M  O  T  O  R  A  F  S  R  U  O  A  O  O
H  P  E  B  R  O  K  E  T  R  U  K  N  P
P  T  R  A  K  T  O  R  K  Q  G  X  P  S
K  E  R  E  T  A  N  D  R  R  Y  I  E  B
L  R  T  R  A  K  A  F  I  L  A  H  S  Y
K  A  P  A  L  S  E  L  A  M  M  E  A  C
C  J  M  O  B  I  L  P  P  F  N  Q  W  S
H  L  B  Q  A  I  W  W  B  Z  Y  H  A  D
Y  C  W  N  N  S  S  R  U  A  I  A  T  F
```

AMBULANS	KAPAL SELAM
MOBIL	ROKET
BAN	SKUTER
VAN	TAKSI
PERAHU	TRAKTOR
BIS	KERETA
KAFILAH	FERI
SEPEDA	PESAWAT
HELIKOPTER	RAKIT
MOTOR	TRUK

73 - Geografie

```
K  Z  A  S  H  M  L  V  R  I  D  R  S  G
P  E  T  A  K  V  E  N  I  S  U  Z  E  A
K  O  T  A  S  A  N  R  D  W  N  W  L  R
H  E  S  I  U  Q  F  G  I  S  I  F  A  I
A  G  X  H  N  H  L  W  X  D  A  P  T  S
T  Z  Y  N  G  G  Y  P  B  T  I  B  A  L
U  I  P  U  A  E  G  W  I  J  K  A  N  I
L  A  U  T  I  A  D  I  D  G  I  R  N  N
I  I  L  A  L  T  P  L  A  N  B  A  E  T
S  T  A  R  J  L  C  A  B  N  E  T  G  A
T  E  U  A  T  A  I  Y  Y  E  E  R  A  N
I  E  V  W  X  S  V  A  X  K  N  B  R  G
W  G  U  N  U  N  G  H  P  N  T  U  A  R
A  B  E  L  A  H  A  N  B  U  M  I  A  U
```

ATLAS	MERIDIAN
GUNUNG	UTARA
GARIS LINTANG	WILAYAH
BENUA	SUNGAI
PULAU	KOTA
KHATULISTIWA	DUNIA
BELAHAN BUMI	BARAT
KETINGGIAN	LAUT
PETA	SELATAN
NEGARA	

74 - Kunstbenodigdheden

```
K D N S S A I X P A S T E L
A K V I E C E C O E J I F Y
M W R K A A R A N G N L F Q
E V K A T T S D Y T K S K H
R Z E T W A A E M I R K I H
A M E J A N H T L N E U M L
L K L Q R A A I R T A R O R
M M E P N H E C S A T S D U
M W M R A L X R V K I I O G
L M I T T I I P Q R V E N X
P E N G H A P U S I I C E D
J H Y J C T S B C L T S G H
D C A T A I R U Y I A H Q E
N W K E B I W S G K S A U Z
```

AKRILIK	WARNA
CAT AIR	LEM
SIKAT	MINYAK
KAMERA	KERTAS
KREATIVITAS	PASTEL
EASEL	PENSIL
PENGHAPUS	KURSI
ARANG	MEJA
TINTA	CAT
TANAH LIAT	AIR

75 - Barbecues

```
W I T O S E Z A E L I T G G
N V O C Z L T D B U A H A W
M J M A K A N S I A N G R H
G P A N A S A L A D W M A W
M R T U W I H S A U S A M H
A C I X I H M T T D P K N Q
Y O X L P I S A U V A A U G
A A R I L S A Y U R A N N A
M K E L A P A R A N G M D R
U M U S I M P A N A S A A P
S K E L U A R G A P V L N U
I U G V U B D A N R Y A G Q
K D D D Y K D I M O D M A V
L P V T W T R I Z D C F N B
```

MAKAN MALAM	MUSIK
KELUARGA	LADA
BUAH	SALAD
GRILL	SAUS
SAYURAN	TOMAT
PANAS	BAWANG
KELAPARAN	UNDANGAN
AYAM	GARPU
MAKAN SIANG	MUSIM PANAS
PISAU	GARAM

76 - Wetenschappelijke Discip

```
F  T  E  B  V  J  K  J  U  G  X  U  Z  M
C  I  E  K  O  L  O  G  I  A  E  N  O  I
Y  L  S  A  S  T  R  O  N  O  M  I  R  N
F  E  K  I  M  I  A  J  R  A  B  E  Q  E
T  E  R  M  O  D  I  N  A  M  I  K  A  R
K  W  G  E  O  L  O  G  I  G  O  B  A  A
P  S  I  K  O  L  O  G  I  I  K  I  R  L
A  N  A  T  O  M  I  G  L  Z  I  O  K  O
M  E  K  A  N  I  K  A  I  I  M  L  E  G
M  E  T  E  O  R  O  L  O  G  I  O  O  I
N  E  U  R  O  L  O  G  I  F  A  G  L  E
S  O  S  I  O  L  O  G  I  Z  T  I  O  Q
K  D  I  M  U  N  O  L  O  G  I  L  G  V
M  R  O  B  O  T  I  K  A  A  X  A  I  Z
```

ANATOMI	MEKANIKA
ARKEOLOGI	METEOROLOGI
ASTRONOMI	MINERALOGI
BIOKIMIA	NEUROLOGI
BIOLOGI	BOTANI
KIMIA	PSIKOLOGI
EKOLOGI	ROBOTIKA
FISIOLOGI	SOSIOLOGI
GEOLOGI	TERMODINAMIKA
IMUNOLOGI	GIZI

77 - Bijvoeglijke Naamwoorden

```
F  L  E  L  A  H  E  O  I  T  S  Y  Q  B
P  Q  C  P  S  F  T  Q  S  C  G  N  E  W
R  C  V  S  I  J  L  R  R  C  X  X  M  D
O  Z  M  E  N  G  A  N  T  U  K  H  U  B
D  E  S  K  R  I  P  T  I  F  Q  B  R  A
U  H  B  L  Q  L  P  D  S  R  T  M  N  C
K  X  I  I  R  J  D  M  E  N  A  R  I  K
T  C  A  A  B  E  R  B  A  K  A  T  N  G
I  S  S  R  A  R  A  C  S  R  B  L  J  H
F  S  A  E  N  F  M  N  L  E  L  A  U  Q
G  B  E  K  G  J  A  X  I  A  G  P  R  L
S  O  E  H  G  O  T  B  N  T  Q  A  O  U
G  G  K  U  A  T  I  C  R  I  Z  R  R  R
A  L  A  M  I  T  S  O  J  F  G  E  T  F
```

ASLI	BARU
BERBAKAT	BIASA
DESKRIPTIF	PRODUKTIF
KREATIF	MENGANTUK
DRAMATIS	KUAT
SEHAT	BANGGA
LAPAR	SEGAR
MENARIK	LIAR
LELAH	ASIN
ALAMI	MURNI

78 - Kleding

```
O C O B R S P T J M C S G C
M J E W V N F M Y A E A E E
B N E W E Y E F G N L N L L
J K P I Y A M A S T A D A E
B A J U B A C B E E N A N M
L U P M O D E O P L A L G E
U S A R U N G T A N G A N K
S K R O K X T A T D T X J S
W A S W E T E R U E X O Q B
Y K A L U N G R T N F C P B
J I K A T P I N G G A N G I
J A P D M Y Y Q T Z Z Y B J
K Q S Y A L I I V C D M P P
E X Q J C H C P Z P R F C R
```

GELANG	PIYAMA
BLUS	IKAT PINGGANG
CELANA	ROK
SARUNG TANGAN	SANDAL
TOPI	SEPATU
MANTEL	CELEMEK
JAS	BAJU
GAUN	SYAL
KALUNG	KAUS KAKI
MODE	SWETER

79 - Vliegtuigen

```
P  N  Z  D  Q  T  I  N  G  G  I  S  M  L
A  E  A  R  A  H  J  S  L  P  Z  U  E  W
P  J  N  V  L  A  N  G  I  T  E  A  S  P
K  I  S  U  I  B  G  Z  N  W  B  S  I  E
O  T  L  C  M  G  T  F  C  X  R  A  N  T
N  U  F  O  Y  P  A  B  T  B  Q  N  I  U
S  R  A  A  T  G  A  S  E  U  D  A  R  A
T  B  M  Y  J  I  F  N  I  K  E  B  S  L
R  U  W  P  F  I  A  M  G  F  S  B  E  A
U  L  B  A  H  A  N  B  A  K  A  R  J  N
K  E  A  C  Q  X  A  F  V  F  I  F  A  G
S  N  L  B  Y  N  W  T  C  C  N  Q  R  A
I  S  O  G  E  V  A  V  Q  J  B  N  A  N
E  I  N  J  A  V  K  P  H  Z  B  Y  H  M
```

SUASANA	UDARA
PETUALANGAN	MESIN
BALON	NAVIGASI
AWAK	DESAIN
KONSTRUKSI	PENUMPANG
BAHAN BAKAR	PILOT
SEJARAH	ARAH
LANGIT	TURBULENSI
TINGGI	

80 - Herbalisme

```
R K K E B U N F Q L H D R K
J U V E J G E B B A O B O M
J N D U M B F D N V R A S A
P Y M U K A D A S E E H E R
E I M H U N B U N G A M J
T T O J A F A G Z D A N A O
E A M Z L R A S I E N F R R
R P R F I D E C X R O K Y A
S R Q R T A I H I J A U Y M
E T V R A G O L J M D O O W
L I G P S G A R O M A T I K
I M A I J Z O K U L I N E R
V I F T H K J N P V C D M H
B A W A N G P U T I H G S T
```

AROMATIK
KEMANGI
BUNGA
KULINER
DIL
TARRAGON
HIJAU
BAHAN
BAWANG PUTIH
KUALITAS

LAVENDER
MARJORAM
OREGANO
PETERSELI
ROSEMARY
KUNYIT
RASA
TIMI
KEBUN
ADAS

81 - Piraten

```
R P E T U A L A N G A N P Y
X U B U R U N G B E O E E Q
R L M E M A S B R G U J D V
O A W A K J A N G K A R A P
B U R U K A T M B A P V N A
A T M G O B S K S F B L G N
H V U R M C O L W Q U E D T
A Z F P P E T A U X K G T A
Y I Y M A M B U G K K E U I
A A S E S X O T N O A N M A
Q C K A P T E N C Q G D W Q
H A R T A K A R U N P A Z M
Z R E Z B E N D E R A M A V
A V M F Z Q V I T U C Y O I
```

JANGKAR
PETUALANGAN
AWAK
PULAU
BAHAYA
EMAS
GUA
PETA
KAPTEN
KOMPAS

LEGENDA
BEKAS LUKA
LAUT
BURUNG BEO
RUM
HARTA KARUN
BURUK
PANTAI
BENDERA
PEDANG

82 - Om in te Vullen

```
V  Z  T  H  Q  T  F  C  U  B  K  W  W  R
P  E  T  I  P  M  A  P  E  A  O  X  J  T
K  B  P  A  K  E  T  B  B  K  P  T  O  G
E  A  V  M  A  O  K  A  U  I  E  I  O  X
R  R  A  P  R  L  O  S  G  N  R  I  G  L
A  E  S  L  T  A  T  K  S  E  G  K  N  T
N  L  M  O  O  C  A  O  Y  U  L  Q  O  Z
J  J  O  P  N  I  K  M  J  C  S  J  K  T
A  M  M  T  Y  U  O  O  A  Q  J  S  R  V
N  N  Q  S  F  M  S  C  R  Z  U  L  O  O
G  A  O  P  A  X  V  B  H  Q  P  D  T  T
U  R  U  N  P  P  G  V  Z  G  Y  M  A  X
E  M  B  E  R  A  M  C  R  H  B  P  Y  Y
S  A  K  U  E  F  Q  N  H  D  S  K  T  T
```

BASKOM	PETI
TABUNG	LACI
BAKI	KERANJANG
KOTAK	MAP
EMBER	PAKET
AMPLOP	JAR
BOTOL	VAS
KARTON	BAREL
KOPER	SAKU

83 - Surfen

```
M E L A M B A I B K W J U Q
P E R U T K A R U U H Q X L
O P N M C N E K S T R E M A
P A K Y T U D C A T L E T U
U N E V E P A I E S H E O T
L T R S R N S C V P X O H Q
E A A S U R A F A D A A V X
R I M B M C A N L J X T O Z
E W A Y B V Y V G S S T A X
J X I D U F P J H K S N B N
N V A C T M S U D H A K T J
T E N K E K U A T A N N A G
Z C I B Y Z A R D A Y U N G
P E M U L A G A Y A C U W R
```

ATLET   DAYUNG
PEMULA   MENYENANGKAN
EKSTREM   POPULER
MELAMBAI   TERUMBU
JUARA   BUSA
KEKUATAN   KECEPATAN
PERUT   GAYA
KERAMAIAN   PANTAI
LAUT   CUACA

84 - Rijden

```
F C Q J H R Y O L C C B I J
O V H G S J Y M O B I L Q A
P E J A L A N K A K I L T L
B R K S L Y L E G M W A R A
E A E E W C B A A O P L A N
N I H M C P O M R T O U N Y
M L F A Z E J A A O L L S R
T R U K Y T L N S R I I P U
J U O D M A C A I Z S N O F
L I S E N S I N K M I T R K
Z B A H A N B A K A R A T J
T E R O W O N G A N A S A M
S E P E D A M O T O R N S W
K E C E P A T A N G W D I U
```

MOBIL	POLISI
BAHAN BAKAR	REM
GARASI	KECEPATAN
GAS	JALAN
BAHAYA	TEROWONGAN
PETA	KEAMANAN
LISENSI	LALU LINTAS
MOTOR	TRANSPORTASI
SEPEDA MOTOR	PEJALAN KAKI
KECELAKAAN	TRUK

85 - Wetenschap

```
H  P  J  Y  B  U  W  E  D  P  Y  M  S  F
I  A  U  O  C  Z  B  I  V  A  W  E  B  O
P  R  M  O  L  E  K  U  L  O  T  Q  J  S
O  T  I  L  M  U  W  A  N  A  L  A  M  I
T  I  K  L  I  M  Q  Z  V  Z  A  U  T  L
E  K  O  A  Q  A  V  Y  J  H  M  T  S  V
S  E  B  A  H  A  N  K  I  M  I  A  O  I
I  L  S  F  A  K  T  A  G  I  Y  U  C  M
S  P  E  R  C  O  B  A  A  N  N  D  G  M
U  R  R  V  U  G  D  B  M  E  T  O  D  E
K  R  V  G  I  E  T  O  H  R  O  J  W  N
Z  I  A  N  T  I  X  H  I  A  M  M  V  S
F  I  S  I  K  A  T  I  L  L  S  F  H  J
U  T  I  O  R  G  A  N  I  S  M  E  R  I
```

ATOM	IKLIM
BAHAN KIMIA	METODE
PARTIKEL	MINERAL
EVOLUSI	MOLEKUL
PERCOBAAN	ALAM
FAKTA	FISIKA
FOSIL	OBSERVASI
DATA	ORGANISME
HIPOTESIS	ILMUWAN

86 - Hulpmiddelen

```
K U N Y I O P M P I S A U G
T A N G G A I A O L B H R U
P Z P P R H S E K O P A L V
E O T A A S A L O B J U U P
N I A V K W U J K O Q V M T
G L U M X N C J P R N N Y A
G K A B E L U E A O L E M L
A Q M G N M K G L D I F X I
R V A W N L U U U A M B G V
I N D O I J R N E J H D P F
S Z C O H G S T A P L E R C
U P W Z O A S I A J Z I N P
Q A G Q P X J N K N M G D W
F G Y X S W M G C X G E F C
```

KAPAK	STAPLER
OBOR	GUNTING
PALU	PISAU CUKUR
PENGGARIS	SEKOP
KABEL	BAUT
TANGGA	TANG
LEM	TALI
PISAU	RODA
POKOK	

87 - Herfst

```
E  I  A  K  G  A  B  M  I  G  R  A  S  I
D  Q  I  Y  C  C  H  U  H  I  J  L  P  F
Y  S  U  U  P  O  M  S  Y  K  L  A  A  E
U  H  G  I  G  R  Q  I  K  L  I  M  K  S
A  X  O  B  N  N  V  M  A  K  T  S  A  T
W  I  O  N  J  O  L  A  B  E  M  N  I  I
J  V  W  M  V  R  X  N  C  B  G  F  A  V
A  N  X  U  E  C  B  N  H  A  H  A  N  A
U  Y  I  K  L  H  R  U  E  K  K  B  C  L
P  W  K  Y  X  A  O  V  S  A  R  U  U  G
S  T  C  R  F  R  O  S  T  R  L  L  A  D
B  K  B  Z  K  D  R  O  N  A  N  A  C  O
I  P  Q  Y  G  S  F  A  U  N  U  N  A  D
X  C  N  D  A  P  E  L  T  K  H  Y  T  A
```

APEL   IKLIM
ORCHARD   BULAN
KEBAKARAN   MIGRASI
ACORN   ALAM
EQUINOX   MUSIMAN
FESTIVAL   FROST
CHESTNUT   CUACA
PAKAIAN

88 - Speelgoed

```
N Y K E X T W B R U A S P F
Y Q P E R A H U C A T E E A
V M E U R N H K O J V P S V
K E R E T A R U G H N E A O
I F M S T H J V I A J D W R
N Y A K S L B I M F B A A I
R N I J Y I B O N E K A T T
O B N I M A J I N A S I F Z
B V A E C T T R U K N U A K
O J N O J P O C M C I C D F
T E K A T E K I A P U J R I
M O B I L B O L A T D R U M
I T A N K Q Z Q U K U L P J
O Y B I X X U M O E C R A U
```

KERAJINAN	BONEKA
MOBIL	TEKA-TEKI
BOLA	ROBOT
BUKU	CATUR
PERAHU	KERETA
DRUM	IMAJINASI
FAVORIT	CAT
SEPEDA	PESAWAT
PERMAINAN	TRUK
TANAH LIAT	

89 - Muziekinstrumenten

```
B Q Y P Q A S P I A N O U B
M S H V B U K E O V F S H A
H M A E G G V R R B O A A S
K A R K G L A K S U O T R S
L N P H S G O U I X L P M O
A D A S B O W S E R A I O O
R O W E A N F I D B G E N N
I L P L J G N O Q J A T I G
N I Q O T V B Y N B J I K I
E N M A R I M B A M O W A T
T R E B A N A B A N J O Q A
J T E R O M P E T D R U M R
K T R O M B O N B I O L A U
M R M M F U B N B H P B T I
```

BANJO
SELO
BASSOON
SERULING
GITAR
GONG
HARPA
OBO
KLARINET
MANDOLIN

MARIMBA
HARMONIKA
PERKUSI
PIANO
SAKSOFON
REBANA
TROMBON
DRUM
TEROMPET
BIOLA

90 - Activiteiten en Vrije Ti

```
X  S  L  M  E  N  Y  E  L  A  M  C  B  R
K  M  U  S  E  P  A  K  B  O  L  A  E  E
J  C  K  Z  D  M  E  F  F  K  U  M  R  N
T  D  I  J  D  J  A  X  D  A  U  P  S  A
C  Y  S  I  P  I  X  N  O  G  F  I  E  N
S  F  A  S  H  S  V  H  C  N  P  N  L  G
E  A  N  U  O  B  T  Y  D  I  N  G  A  H
N  O  N  B  B  C  E  S  X  U  N  K  N  I
I  M  T  T  I  H  N  R  E  V  D  G  C  K
G  X  S  I  A  S  I  T  K  Y  I  O  A  I
B  A  L  A  P  I  S  A  X  E  A  L  R  N
B  A  S  K  E  T  I  N  J  U  B  F  D  G
B  I  S  B  O  L  N  Q  C  V  J  U  W  I
X  H  B  O  L  A  V  O  L  I  D  L  N  B
```

BASKET   BALAP
TINJU   LUKISAN
MENYELAM   BERSELANCAR
GOLF   TENIS
MEMANCING   BERKEBUN
HOBI   SEPAK BOLA
BISBOL   BOLA VOLI
CAMPING   HIKING
SENI   RENANG
SANTAI

91 - Water

```
P W Y V X Z J X X B Y Z S U
Y E L Q M I R I G A S I A B
O F N D D S L I F N K T L B
E J I G E Y S E R J D S J A
M D C M U S I M Z I B T U D
L A U T E A O J Q R I Q Z A
U N N C N Q P L E M B A B I
B A K D H U J A N H S B V S
J U V A I G C F N E W F K E
D X B P N G E L O M B A N G
K I Y D Y A S Z O Q G K D N
T J Z M E U L L A O U U V D
O M U C S U N G A I A K R Q
K E L E M B A B A N P H F A
```

MANDI
GEYSER
GELOMBANG
ES
IRIGASI
KANAL
DANAU
MUSIM
LAUT

BADAI
BANJIR
HUJAN
SUNGAI
SALJU
UAP
PENGUAPAN
LEMBAB
KELEMBABAN

92 - Schaken

```
T A N T A N G A N D Z R D X
R M P N N W L M S I R I N N
E P P U T I H Z K A I A Y S
U E L X V E R Y Q G J T J N
S R Z J N T J U D O Z U C A
W M T U R N A M E N G R C T
L A W A N P O I N A L A E Y
V I A R W I Y K H L H N R N
W N K A M Q U D O I V X D P
D A T P E M A I N N T Y I P
B N U E N P T G O M T A K A
P E N G O R B A N A N E M S
R A T U D Y W M W W Y J S I
S T R A T E G I A V X J N F
```

DIAGONAL	PEMAIN
JUARA	STRATEGI
RAJA	LAWAN
RATU	WAKTU
PENGORBANAN	TURNAMEN
PASIF	TANTANGAN
POIN	KONTES
ATURAN	PUTIH
CERDIK	HITAM
PERMAINAN	

93 - Boerderij #1

```
K J C K U C I N G N W P U B
U A E P E R T A N I A N R E
D Y M R T L E B A H A B K N
A A B B A X E U A L I A A I
T M J E I M I D K A R T W H
C M S T N N I P A G A R A O
J K I I K R G Z Q I E W N N
V U H S A Y A N G X R E A R
C B Z A U V G Y B A G W N X
C I F P D X A I J B T E Q R
T D V I H B K Z P U P U K H
Q A Q R K B H Z K G Z U L R
I N H B Y A N J I N G F O K
G G A K T W A N A S I R X I
```

LEBAH	SAPI
KELEDAI	GAGAK
KAMBING	KAWANAN
PAGAR	PERTANIAN
ANJING	PUPUK
SAYANG	KUDA
JERAMI	NASI
BETIS	BIDANG
KUCING	AIR
AYAM	BENIH

94 - Huis

```
B P E R P U S T A K A A N U
G A R A S I F U L L A V L M
A C S M H N G K A P A G A R
S E K E F A S A N E I W F W
A R A B M W Y M G R D N D K
P M R E A E B A I A A X T R
U I P L N F N R T P P Z H U
M N E I D J D T L I U N D A
Z R T B I O J I A A R Q G N
D I N D I N G D N N A D O G
L A M P U F X U G M Y T V A
K E B U N V Y R I C S U A N
Q Q Z B I U X C T J G I R P
C E R O B O N G A S A P O X
```

SAPU	DAPUR
PERPUSTAKAAN	LAMPU
ATAP	MEBEL
PINTU	DINDING
MANDI	LANGIT-LANGIT
GARASI	CEROBONG ASAP
PERAPIAN	KAMAR TIDUR
PAGAR	CERMIN
RUANGAN	KARPET
BASEMENT	KEBUN

95 - Kleuren

```
A Q T H S M F U C H S I A M
P B I R U E U N Y J M D M T
U K U Y Q R P M A G E N T A
T U S A U A N I N H R R B J
I N V Z B H E Y A I A H U H
H I Z U J U U B C T H T W K
A N Q R B T S Y V A M X C C
H G J E R B Q P L M U H O H
K R E M K H Z G F W D I K H
F T H V U A O P M Q A J E C
U N G U I M Y X O S B A L C
J I W N T F E Y Q J H U A M
R L P K W G I S X G C W T S
S A U L S G Y K D U Y R N F
```

AZURE

KREM

BIRU

COKELAT

CYAN

FUCHSIA

KUNING

ABU-ABU

HIJAU

NILA

MAGENTA

JERUK

UNGU

MERAH

MERAH MUDA

SEPIA

PUTIH

HITAM

96 - Verjaardag

```
G O F J W A K T U B S L K J
I W H Z V T E M A N E Z A A
H A D I A H N K S H E N R F
P H P E S T A U H E U P T D
E Z G K L I N E X U N N U X
R H K P H F G W H P S A O B
A R A M U D A M L Q C U N X
Y F L I L I N S W E E O S G
A M E N Y E N A N G K A N A
A K N D D V B X M E D K F J
N J D L A G U L A H I R B X
T K E B I J A K S A N A A N
C Z R H A R I E M W W E Q N
U Z U N D A N G A N L D O F
```

KUE	KALENDER
HARI	LAGU
LAHIR	PESTA
SENANG	MENYENANGKAN
HADIAH	KHUSUS
KENANGAN	WAKTU
TAHUN	UNDANGAN
MUDA	PERAYAAN
LILIN	TEMAN
KARTU	KEBIJAKSANAAN

97 - Getallen

```
D  L  P  A  D  Q  U  V  T  U  J  U  H  E
I  U  M  H  L  R  L  Q  I  Z  P  L  R  N
D  U  A  P  U  L  U  H  G  A  B  I  M  L
E  E  C  B  U  L  I  M  A  B  E  L  A  S
X  N  L  J  E  W  B  I  B  G  S  Q  T  E
E  A  B  A  M  L  O  N  E  L  E  S  E  M
P  M  J  Z  P  V  A  A  L  I  P  I  M  B
T  C  J  O  A  A  X  S  A  M  U  T  A  I
D  N  O  L  T  Z  N  A  S  A  L  I  T  L
W  U  Z  T  I  V  P  B  G  L  U  G  I  A
A  S  A  Q  S  O  R  M  E  J  H  A  K  N
S  N  A  Q  R  V  D  D  E  L  A  P  A  N
S  A  T  U  S  N  T  B  P  A  A  K  C  J
I  J  E  M  P  A  T  B  E  L  A  S  S  H
```

DELAPAN	DUA
DELAPAN BELAS	DUA PULUH
TIGA BELAS	EMPAT BELAS
TIGA	EMPAT
SATU	LIMA
SEMBILAN	LIMA BELAS
NOL	MATEMATIKA
SEPULUH	ENAM
DUA BELAS	TUJUH

98 - Boerderij #2

```
S  J  F  E  E  J  K  T  B  I  E  G  E  O
E  A  Q  V  M  E  C  R  I  R  Y  U  O  B
B  G  Y  E  W  L  W  A  N  I  X  D  S  E
Z  U  D  U  R  A  M  K  A  G  G  A  D  B
I  N  H  O  R  I  Q  T  T  A  E  N  O  E
V  G  W  Q  M  M  T  O  A  S  M  G  R  K
E  X  X  H  Z  B  A  R  N  I  B  A  C  A
S  P  O  T  K  U  A  Y  G  V  A  A  H  G
Q  U  U  X  G  A  N  D  U  M  L  E  A  P
V  W  S  S  C  H  A  S  V  R  A  B  R  W
Y  R  B  U  P  E  T  A  N  I  B  X  D  T
P  A  D  A  N  G  R  U  M  P  U  T  D  M
M  A  K  A  N  A  N  D  I  L  L  A  M  A
Z  E  W  B  S  I  B  E  E  H  I  V  E  O
```

BEEHIVE	LLAMA
PETANI	JAGUNG
ORCHARD	SUSU
BINATANG	DOMBA
BEBEK	GUDANG
BUAH	GANDUM
JELAI	TRAKTOR
SAYUR-MAYUR	MAKANAN
GEMBALA	PADANG RUMPUT
IRIGASI	

99 - Voeding

```
S E I M B A N G T N T W I Q
K X K U Z P P Z I O Z H F N
A D U P B J B R A C U N O T
R X A J A M R F O S A U S Y
B J L R A H D I E T F N H B
O V I T A M I N J B E R A T
H C T E O E U T G U R I O Z
I A A K A L O R I G M L N A
D I S S E H A T B N E E U R
R R I D P E N C E R N A A N
A A R S K E S E H A T A N P
T N M A N A F S U M A K A N
T N D E S M O M D O S O T C
T C U G Q A T Q A M I B D M
```

PAHIT	KESEHATAN
KALORI	KARBOHIDRAT
DIET	KUALITAS
NAFSU MAKAN	SAUS
PROTEIN	RASA
SEIMBANG	PENCERNAAN
FERMENTASI	RACUN
BERAT	VITAMIN
SEHAT	CAIRAN

1 - Metingen

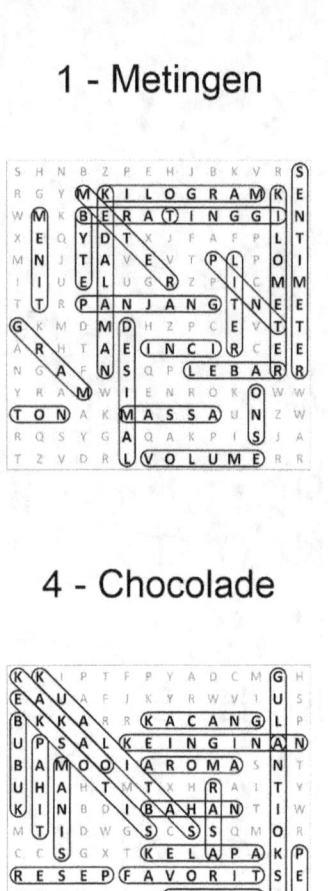

2 - Keuken

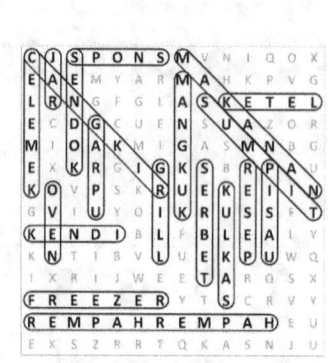

3 - Boten

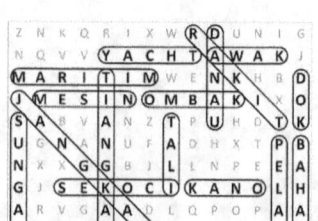

4 - Chocolade

5 - Tijd

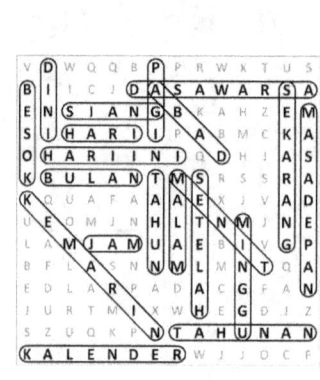

6 - Meditatie

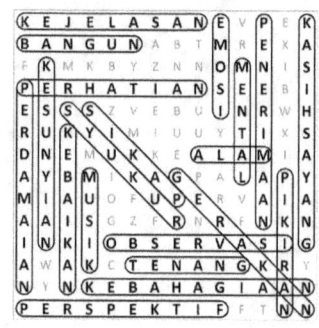

7 - Zomer

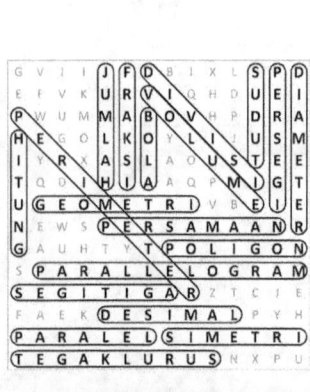

8 - Vogels

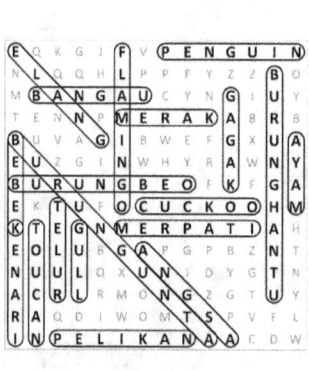

9 - Behoud

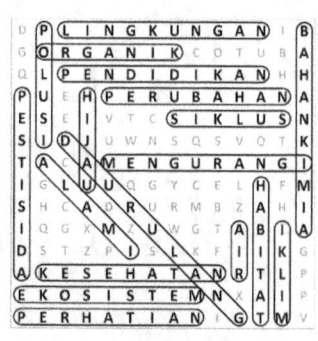

10 - Wiskunde

11 - Camping

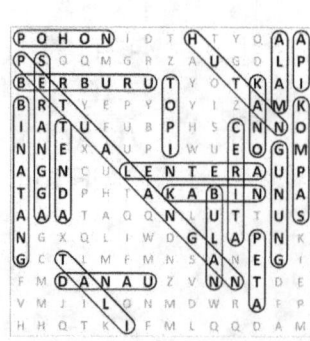

12 - Activiteiten

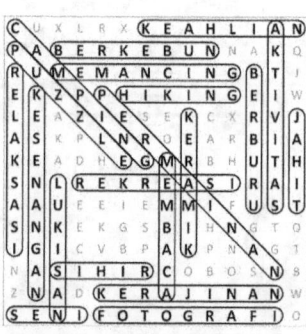

13 - Vormen

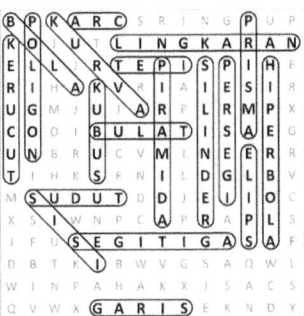

14 - Astronomie

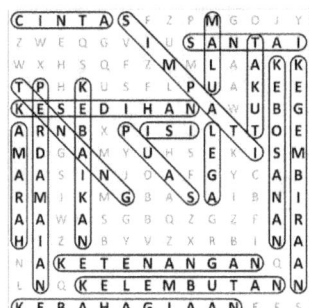

15 - Emoties

16 - Vakantie #2

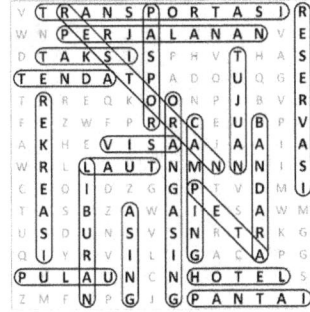

17 - Weersomstandigh

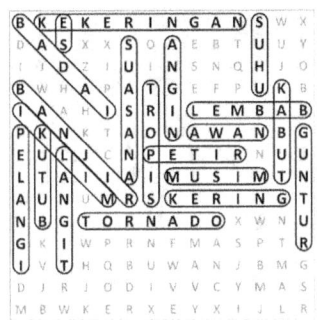

18 - Strand

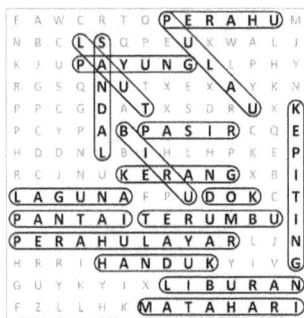

19 - Eten #2

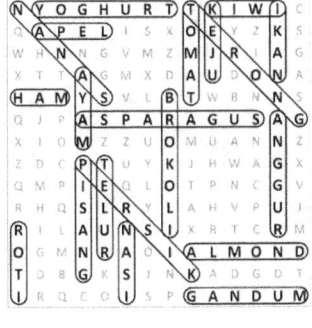

20 - Klimmen

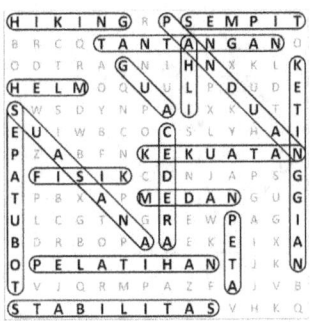

21 - Restaurant #1

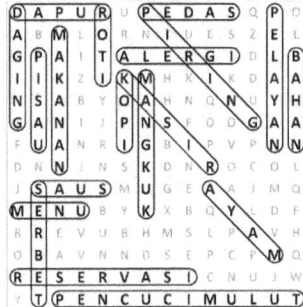

22 - Geologie

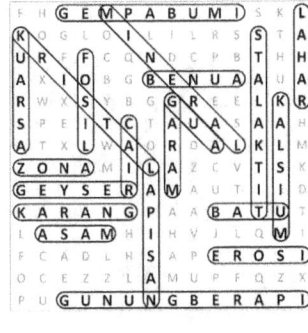

23 - Specerijen

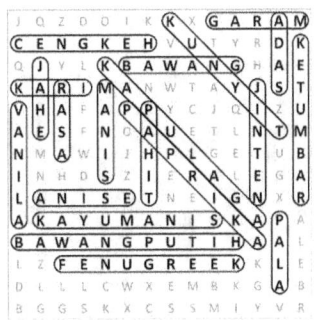

24 - Groenten

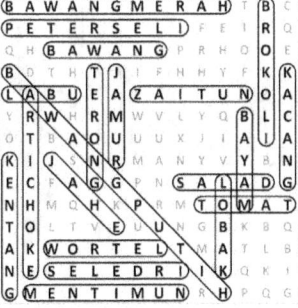

25 - Dans

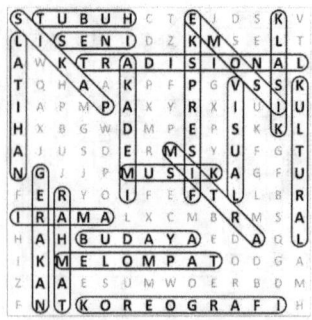

26 - Sport

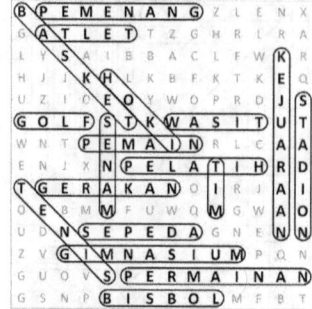

27 - Mythologie

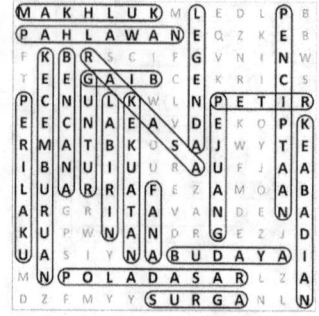

28 - Vakantie #1

29 - Eten #1

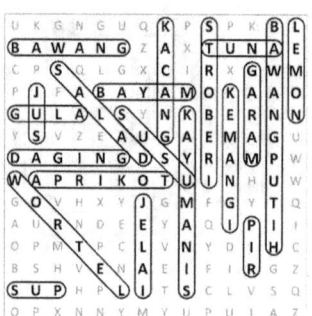

30 - Avontuur

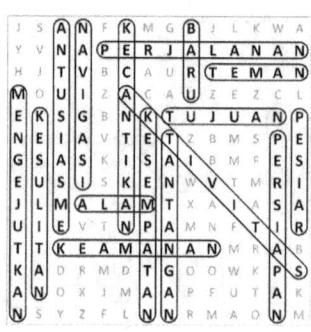

31 - Circus

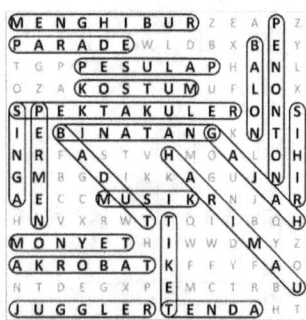

32 - Restaurant #2

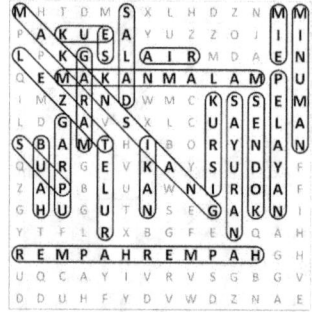

33 - Bijen

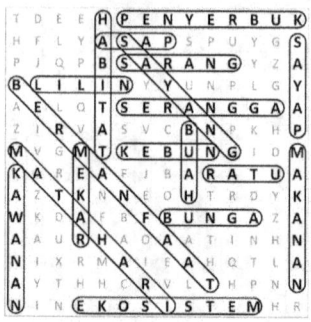

34 - School #1

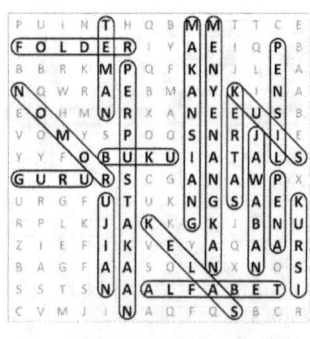

35 - Wandelen

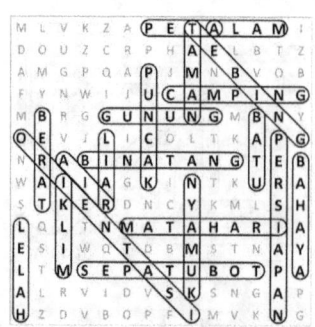

36 - Ecologie

37 - Installaties

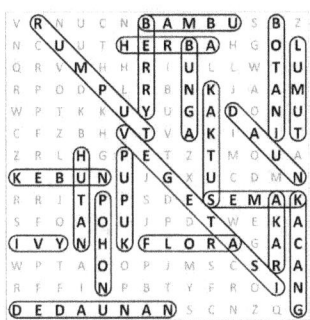

38 - School #2

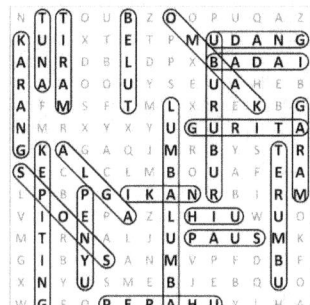

39 - Oceaan

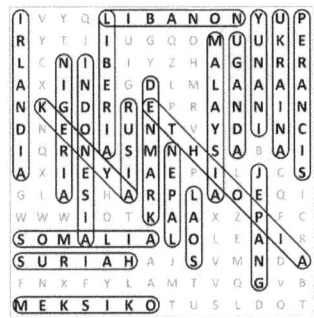

40 - Landen #2

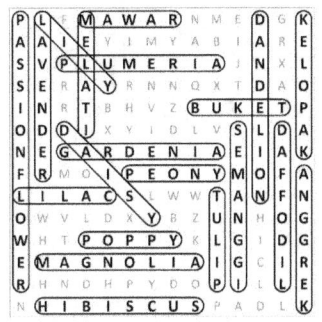

41 - Bloemen

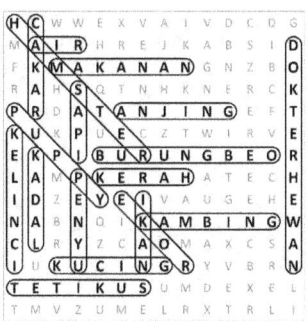

42 - Huisdieren

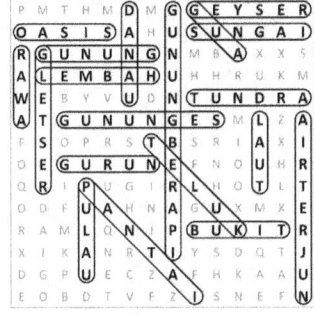

43 - Landschappen

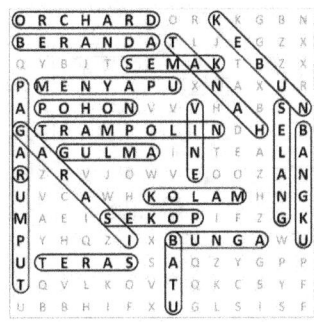

44 - Tuin

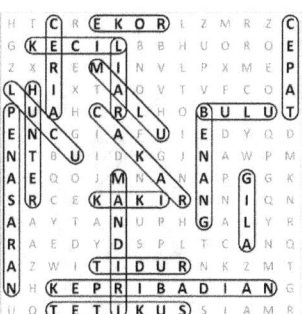

45 - Katten

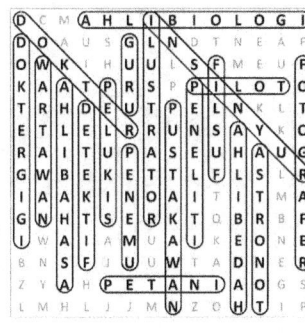

46 - Beroepen #2

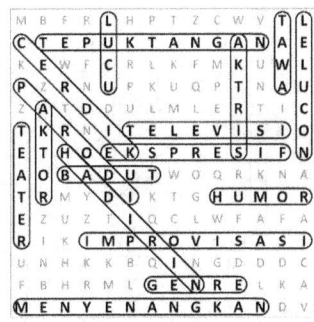

47 - Komedie

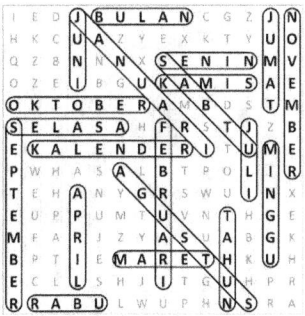

48 - Dagen en Maanden

49 - Beeldende Kunsten

50 - Menselijk Lichaam

51 - Gebouwen

52 - Kunst

53 - Beroepen #1

54 - Kastelen

55 - Insecten

56 - Antarctica

57 - Ballet

58 - Vissen

59 - Fruit

60 - Literatuur

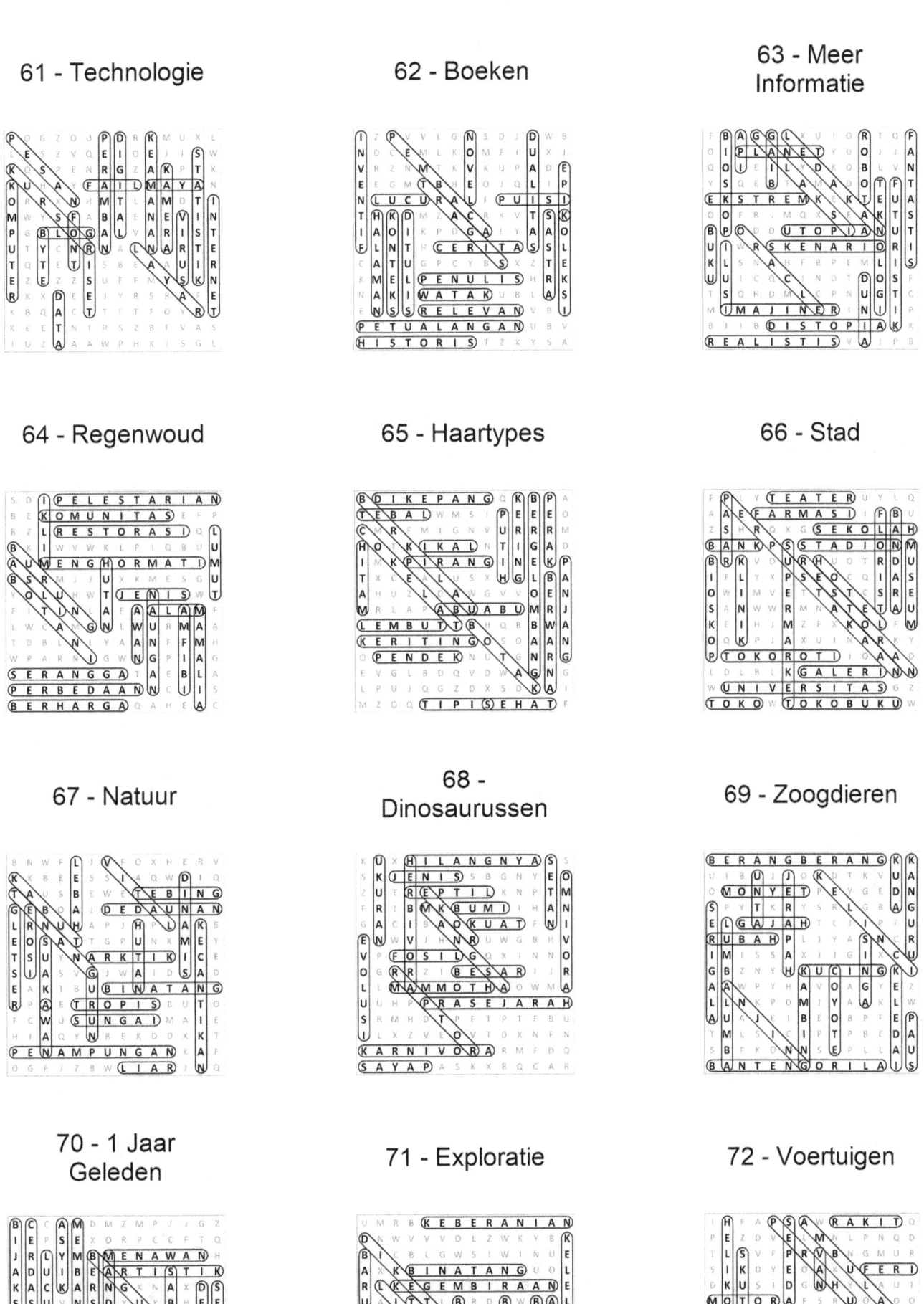

61 - Technologie

62 - Boeken

63 - Meer Informatie

64 - Regenwoud

65 - Haartypes

66 - Stad

67 - Natuur

68 - Dinosaurussen

69 - Zoogdieren

70 - 1 Jaar Geleden

71 - Exploratie

72 - Voertuigen

73 - Geografie

74 - Kunstbenodigdhe

75 - Barbecues

76 - Wetenschappelijk

77 - Bijvoeglijke Naamwoorden

78 - Kleding

79 - Vliegtuigen

80 - Herbalisme

81 - Piraten

82 - Om in te Vullen

83 - Surfen

84 - Rijden

85 - Wetenschap

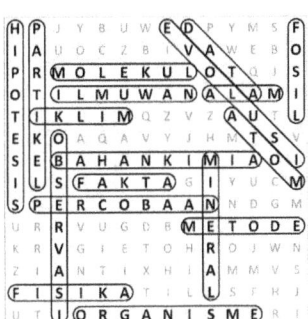

86 - Hulpmiddelen

87 - Herfst

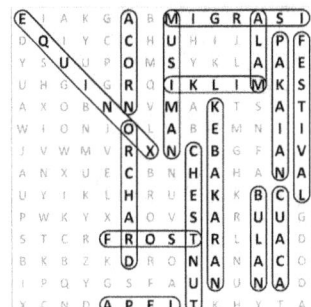

88 - Speelgoed

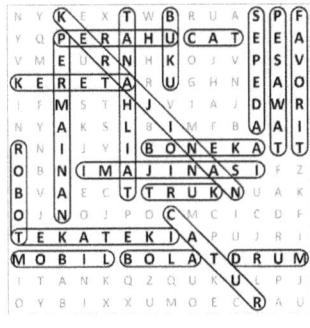

89 - Muziekinstrument

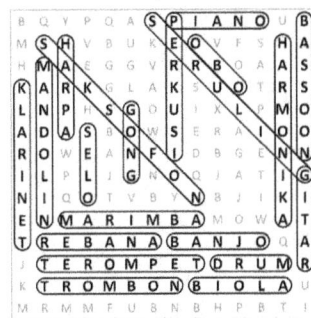

90 - Activiteiten en Vrije Ti

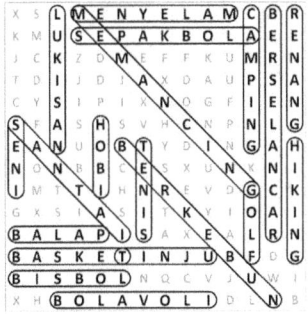

91 - Water

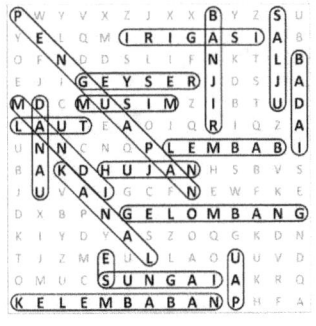

92 - Schaken

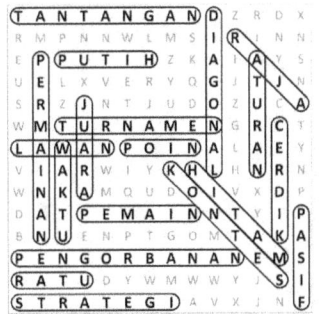

93 - Boerderij #1

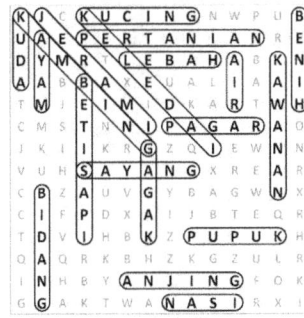

94 - Huis

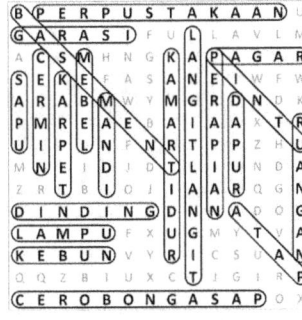

95 - Kleuren

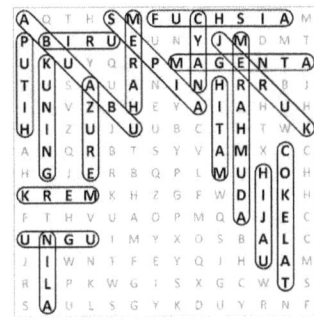

96 - Verjaardag

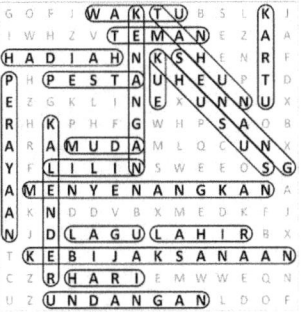

97 - Getallen

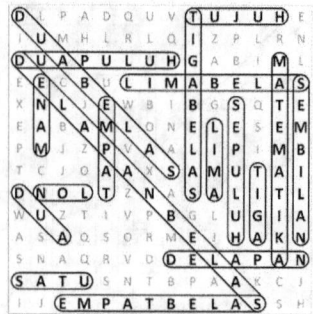

98 - Boerderij #2

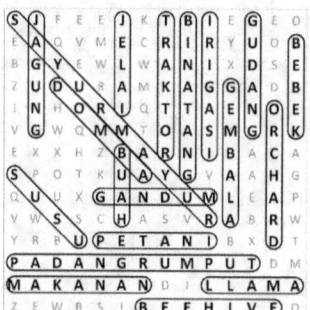

99 - Voeding

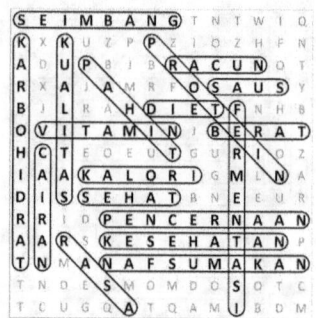

Woordenboek

1 Jaar Geleden
Kebajikan #1

Artistiek	Artistik
Behulpzaam	Membantu
Bescheiden	Sederhana
Beslissend	Menentukan
Charmant	Menawan
Efficiënt	Efisien
Gepassioneerd	Asyik
Goed	Bagus
Grappig	Lucu
Gul	Dermawan
Intelligent	Cerdas
Nieuwsgierig	Penasaran
Onafhankelijk	Mandiri
Patiënt	Sabar
Praktisch	Praktis
Schoon	Bersih
Wijs	Bijaksana
Zelfverzekerd	Percaya Diri

Activiteiten
Kegiatan

Activiteit	Aktivitas
Ambachten	Kerajinan
Fotografie	Fotografi
Games	Permainan
Hengelsport	Memancing
Jacht	Berburu
Kamperen	Camping
Keramiek	Keramik
Kunst	Seni
Lezen	Membaca
Magie	Sihir
Naaien	Jahit
Ontspanning	Relaksasi
Plezier	Kesenangan
Puzzels	Puzzle
Schilderij	Lukisan
Tuinieren	Berkebun
Vaardigheid	Keahlian
Vrije Tijd	Rekreasi
Wandelen	Hiking

Activiteiten en Vrije Ti
Aktivitas dan Kenyamanan

Basketbal	Basket
Boksen	Tinju
Duiken	Menyelam
Golf	Golf
Hengelsport	Memancing
Hobby	Hobi
Honkbal	Bisbol
Kamperen	Camping
Kunst	Seni
Ontspannen	Santai
Racen	Balap
Reis	Bepergian
Schilderij	Lukisan
Surfen	Berselancar
Tennis	Tenis
Tuinieren	Berkebun
Voetbal	Sepak Bola
Volleybal	Bola Voli
Wandelen	Hiking
Zwemmen	Renang

Antarctica
Antartika

Baai	Teluk
Behoud	Konservasi
Continent	Benua
Eilanden	Pulau
Expeditie	Ekspedisi
Geografie	Geografi
Gletsjers	Gletser
Ijs	Es
Migratie	Migrasi
Mineralen	Mineral
Omgeving	Lingkungan
Onderzoeker	Peneliti
Pinguïn	Penguin
Rotsachtig	Rocky
Schiereiland	Semenanjung
Temperatuur	Suhu
Topografie	Topografi
Water	Air
Wetenschappelijk	Ilmiah
Wolken	Awan

Astronomie
Astronomi

Aarde	Bumi
Asteroïde	Asteroid
Astronaut	Astronot
Astronoom	Astronom
Equinox	Equinox
Komeet	Komet
Kosmos	Kosmos
Maan	Bulan
Meteoor	Meteor
Nevel	Nebula
Observatorium	Observatorium
Planeet	Planet
Raket	Roket
Satelliet	Satelit
Ster	Bintang
Sterrenbeeld	Konstelasi
Straling	Radiasi
Telescoop	Teleskop
Universum	Alam Semesta
Zwaartekracht	Gravitasi

Avontuur
Petualangan

Activiteit	Aktivitas
Bestemming	Tujuan
Enthousiasme	Antusiasme
Excursie	Pesiar
Gevaarlijk	Berbahaya
Kans	Kesempatan
Moed	Keberanian
Moeilijkheid	Kesulitan
Natuur	Alam
Navigatie	Navigasi
Nieuw	Baru
Ongewoon	Tidak Biasa
Reizen	Perjalanan
Schoonheid	Kecantikan
Uitdagingen	Tantangan
Veiligheid	Keamanan
Verrassend	Mengejutkan
Voorbereiding	Persiapan
Vreugde	Kegembiraan
Vrienden	Teman

Ballet
Balet

Applaus	Tepuk Tangan
Artistiek	Artistik
Ballerina	Balerina
Choreografie	Koreografi
Componist	Komposer
Dansers	Penari
Expressief	Ekspresif
Gebaar	Sikap
Intensiteit	Intensitas
Muziek	Musik
Orkest	Orkestra
Praktijk	Praktek
Publiek	Hadirin
Repetitie	Latihan
Ritme	Irama
Sierlijk	Anggun
Spieren	Otot
Stijl	Gaya
Techniek	Teknik
Vaardigheid	Keahlian

Barbecues
Barbekyu

Diner	Makan Malam
Familie	Keluarga
Fruit	Buah
Grill	Grill
Groente	Sayuran
Heet	Panas
Honger	Kelaparan
Kip	Ayam
Lunch	Makan Siang
Messen	Pisau
Muziek	Musik
Peper	Lada
Salades	Salad
Saus	Saus
Tomaten	Tomat
Uien	Bawang
Uitnodiging	Undangan
Vorken	Garpu
Zomer	Musim Panas
Zout	Garam

Beeldende Kunsten
Seni Visual

Architectuur	Arsitektur
Artiest	Artis
Beeldhouwwerk	Patung
Creativiteit	Kreativitas
Ezel	Penyangga
Film	Film
Foto	Foto
Houtskool	Arang
Keramiek	Keramik
Klei	Tanah Liat
Krijt	Kapur
Meesterwerk	Mahakarya
Pen	Pena
Perspectief	Perspektif
Portret	Potret
Potlood	Pensil
Samenstelling	Komposisi
Schilderij	Lukisan
Vernis	Pernis
Was	Lilin

Behoud
Konservasi

Chemicaliën	Bahan Kimia
Duurzaam	Berkelanjutan
Ecosysteem	Ekosistem
Fiets	Siklus
Gezondheid	Kesehatan
Groen	Hijau
Habitat	Habitat
Klimaat	Iklim
Milieu	Lingkungan
Natuurlijk	Alami
Onderwijs	Pendidikan
Organisch	Organik
Pesticide	Pestisida
Recycleren	Daur Ulang
Veranderingen	Perubahan
Verminderen	Mengurangi
Vervuiling	Polusi
Vrijwilliger	Sukarelawan
Water	Air
Zorg	Perhatian

Beroepen #1
Profesi # 1

Advocaat	Pengacara
Ambassadeur	Duta Besar
Apotheker	Apoteker
Astronoom	Astronom
Atleet	Atlet
Bankier	Bankir
Cartograaf	Kartografer
Danser	Penari
Dierenarts	Dokter Hewan
Dokter	Dokter
Editor	Editor
Geoloog	Ahli Geologi
Jager	Hunter
Juwelier	Perhiasan
Loodgieter	Tukang Ledeng
Muzikant	Musisi
Pianist	Pianis
Psycholoog	Psikolog
Verpleegster	Perawat
Wetenschapper	Ilmuwan

Beroepen #2
Profesi # 2

Arts	Dokter
Astronaut	Astronot
Bibliothecaris	Pustakawan
Bioloog	Ahli Biologi
Boer	Petani
Chirurg	Ahli Bedah
Detective	Detektif
Filosoof	Filsuf
Fotograaf	Fotografer
Illustrator	Ilustrator
Ingenieur	Insinyur
Journalist	Wartawan
Leraar	Guru
Linguïst	Ahli Bahasa
Onderzoeker	Peneliti
Piloot	Pilot
Schilder	Pelukis
Tandarts	Dokter Gigi
Tuinman	Tukang Kebun
Uitvinder	Penemu

Bijen
Lebah

Bestuiver	Penyerbuk
Bijenkorf	Sarang
Bloemen	Bunga
Bloesem	Mekar
Diversiteit	Perbedaan
Ecosysteem	Ekosistem
Fruit	Buah
Habitat	Habitat
Honing	Sayang
Insect	Serangga
Koningin	Ratu
Rook	Asap
Stuifmeel	Serbuk Sari
Tuin	Kebun
Vleugels	Sayap
Voedsel	Makanan
Voordelig	Bermanfaat
Was	Lilin
Zon	Matahari
Zwerm	Kawanan

Bijvoeglijke Naamwoorden
Kata Sifat # 1

Aantrekkelijk	Menarik
Actief	Aktif
Ambitieus	Ambisius
Aromatisch	Aromatik
Artistiek	Artistik
Belangrijk	Penting
Diep	Dalam
Donker	Gelap
Dun	Tipis
Eerlijk	Jujur
Exotisch	Eksotis
Identiek	Identik
Jong	Muda
Lang	Panjang
Langzaam	Lambat
Modern	Modern
Onschuldig	Lugu
Perfect	Sempurna
Waardevol	Berharga
Zwaar	Berat

Bijvoeglijke Naamwoorden
Kata Sifat #2

Authentiek	Asli
Begaafd	Berbakat
Beschrijvend	Deskriptif
Creatief	Kreatif
Dramatisch	Dramatis
Gezond	Sehat
Hongerig	Lapar
Interessant	Menarik
Moe	Lelah
Natuurlijk	Alami
Nieuw	Baru
Normaal	Biasa
Productief	Produktif
Slaperig	Mengantuk
Sterk	Kuat
Trots	Bangga
Vers	Segar
Wild	Liar
Zout	Asin
Zuiver	Murni

Bloemen
Bunga-Bunga

Bloemblad	Kelopak
Boeket	Buket
Gardenia	Gardenia
Hibiscus	Hibiscus
Jasmijn	Melati
Klaver	Semanggi
Lavendel	Lavender
Lelie	Lily
Lila	Lilac
Madeliefje	Daisy
Magnolia	Magnolia
Narcis	Daffodil
Orchidee	Anggrek
Paardebloem	Dandelion
Papaver	Poppy
Passiebloem	Passionflower
Pioenroos	Peony
Plumeria	Plumeria
Roos	Mawar
Tulp	Tulip

Boeken
Buku-Buku

Auteur	Penulis
Avontuur	Petualangan
Bladzijde	Halaman
Collectie	Koleksi
Context	Konteks
Dualiteit	Dualitas
Episch	Epik
Geschreven	Ditulis
Historisch	Historis
Humoristisch	Lucu
Inventief	Inventif
Karakter	Watak
Lezer	Pembaca
Literair	Sastra
Poëzie	Puisi
Relevant	Relevan
Roman	Novel
Tragisch	Tragis
Verhaal	Cerita
Verteller	Narator

Boerderij #1
Peternakan #1

Bij	Lebah
Ezel	Keledai
Geit	Kambing
Hek	Pagar
Hond	Anjing
Honing	Sayang
Hooi	Jerami
Kalf	Betis
Kat	Kucing
Kip	Ayam
Koe	Sapi
Kraai	Gagak
Kudde	Kawanan
Landbouw	Pertanian
Mest	Pupuk
Paard	Kuda
Rijst	Nasi
Veld	Bidang
Water	Air
Zaden	Benih

Boerderij #2
Peternakan #2

Bijenkorf	Beehive
Boer	Petani
Boomgaard	Orchard
Dieren	Binatang
Eend	Bebek
Fruit	Buah
Gerst	Jelai
Groente	Sayur-Mayur
Herder	Gembala
Irrigatie	Irigasi
Lama	Llama
Maïs	Jagung
Melk	Susu
Schaap	Domba
Schuur	Gudang
Tarwe	Gandum
Tractor	Traktor
Voedsel	Makanan
Weide	Padang Rumput
Windmolen	Kincir Angin

Boten
Perahu

Anker	Jangkar
Bemanning	Awak
Boei	Pelampung
Dok	Dok
Golven	Ombak
Jacht	Yacht
Kajak	Kayak
Kano	Kano
Maritiem	Maritim
Mast	Tiang Kapal
Meer	Danau
Motor	Mesin
Nautisch	Bahari
Reddingsboot	Sekoci
Rivier	Sungai
Touw	Tali
Veerboot	Feri
Vlot	Rakit
Zee	Laut
Zeilboot	Perahu Layar

Camping
Berkemah

Avontuur	Petualangan
Berg	Gunung
Bomen	Pohon
Bos	Hutan
Brand	Api
Cabine	Kabin
Dieren	Binatang
Hoed	Topi
Insect	Serangga
Jacht	Berburu
Kaart	Peta
Kano	Kano
Kompas	Kompas
Lantaarn	Lentera
Maan	Bulan
Meer	Danau
Natuur	Alam
Tent	Tenda
Touw	Tali
Verhalen	Cerita

Chocolade
Cokelat

Antioxidant	Antioksidan
Aroma	Aroma
Bitter	Pahit
Cacao	Kakao
Calorieën	Kalori
Exotisch	Eksotis
Favoriet	Favorit
Heerlijk	Lezat
Ingrediënt	Bahan
Karamel	Karamel
Kokosnoot	Kelapa
Kwaliteit	Kualitas
Pinda'S	Kacang
Poeder	Bubuk
Recept	Resep
Smaak	Rasa
Snoep	Permen
Suiker	Gula
Verlangen	Keinginan
Zoet	Manis

Circus
Sirkus

Aap	Monyet
Acrobaat	Akrobat
Ballonnen	Balon
Clown	Badut
Dieren	Binatang
Goochelaar	Pesulap
Jongleur	Juggler
Kaartje	Tiket
Kostuum	Kostum
Leeuw	Singa
Magie	Sihir
Muziek	Musik
Olifant	Gajah
Parade	Parade
Snoep	Permen
Spectaculair	Spektakuler
Tent	Tenda
Tijger	Harimau
Toeschouwer	Penonton
Vermaken	Menghibur

Dagen en Maanden
Hari dan Bulan

April	April
Augustus	Agustus
Dinsdag	Selasa
Donderdag	Kamis
Februari	Februari
Jaar	Tahun
Januari	Januari
Juli	Juli
Juni	Juni
Kalender	Kalender
Maand	Bulan
Maandag	Senin
Maart	Maret
November	November
Oktober	Oktober
September	September
Vrijdag	Jumat
Woensdag	Rabu
Zaterdag	Sabtu
Zondag	Minggu

Dans
Menari

Academie	Akademi
Beweging	Gerakan
Choreografie	Koreografi
Cultureel	Kultural
Cultuur	Budaya
Emotie	Emosi
Expressief	Ekspresif
Genade	Rahmat
Houding	Sikap
Klassiek	Klasik
Kunst	Seni
Lichaam	Tubuh
Muziek	Musik
Partner	Mitra
Repetitie	Latihan
Ritme	Irama
Springen	Melompat
Traditioneel	Tradisional
Visueel	Visual

Dinosaurussen
Dinosaurus

Aarde	Bumi
Carnivoor	Karnivora
Evolutie	Evolusi
Fossielen	Fosil
Groot	Besar
Grootte	Ukuran
Herbivoor	Herbivora
Krachtig	Kuat
Mammoet	Mammoth
Omnivoor	Omnivora
Prehistorisch	Prasejarah
Prooi	Mangsa
Reptiel	Reptil
Roofvogel	Raptor
Soort	Jenis
Staart	Ekor
Verdwijning	Hilangnya
Vicieuze	Setan
Vleugels	Sayap

Ecologie
Ekologi

Bergen	Gunung
Diversiteit	Perbedaan
Droogte	Kekeringan
Duurzaam	Berkelanjutan
Fauna	Fauna
Flora	Flora
Gemeenschappen	Komunitas
Globaal	Global
Habitat	Habitat
Klimaat	Iklim
Marinier	Laut
Moeras	Rawa
Natuur	Alam
Natuurlijk	Alami
Planten	Tanaman
Soort	Jenis
Variëteit	Variasi
Vegetatie	Vegetasi
Vrijwilligers	Relawan

Emoties
Emosi

Angst	Takut
Beschaamd	Malu
Dankbaar	Bersyukur
Droefheid	Kesedihan
Gelukzaligheid	Kebahagiaan
Inhoud	Isi
Kalm	Tenang
Liefde	Cinta
Ontspannen	Santai
Opluchting	Lega
Rust	Ketenangan
Sympathie	Simpati
Tederheid	Kelembutan
Tevreden	Puas
Verveling	Kebosanan
Vrede	Perdamaian
Vreugde	Kegembiraan
Vriendelijkheid	Kebaikan
Woede	Amarah

Eten #1
Makanan # 1

Aardbei	Stroberi
Abrikoos	Aprikot
Basilicum	Kemangi
Citroen	Lemon
Gerst	Jelai
Kaneel	Kayu Manis
Knoflook	Bawang Putih
Melk	Susu
Peer	Pir
Pinda	Kacang
Salade	Salad
Sap	Jus
Soep	Sup
Spinazie	Bayam
Suiker	Gula
Tonijn	Tuna
Ui	Bawang
Vlees	Daging
Wortel	Wortel
Zout	Garam

Eten #2
Makanan # 2

Amandel	Almond
Ananas	Nanas
Appel	Apel
Asperge	Asparagus
Aubergine	Terong
Banaan	Pisang
Broccoli	Brokoli
Brood	Roti
Druif	Anggur
Ei	Telur
Ham	Ham
Kaas	Keju
Kip	Ayam
Kiwi	Kiwi
Perzik	Persik
Rijst	Nasi
Tarwe	Gandum
Tomaat	Tomat
Vis	Ikan
Yoghurt	Yoghurt

Exploratie
Eksplorasi

Activiteit	Aktivitas
Bepaling	Tekad
Culturen	Budaya
Dieren	Binatang
Gevaarlijk	Berbahaya
Gevaren	Bahaya
Moed	Keberanian
Nieuw	Baru
Onbekend	Diketahui
Ontdekking	Penemuan
Opwinding	Kegembiraan
Reis	Bepergian
Ruimte	Ruang
Taal	Bahasa
Terrein	Medan
Uitputting	Kelelahan
Ver	Jauh
Wild	Liar

Fruit
Buah

Abrikoos	Aprikot
Ananas	Nanas
Appel	Apel
Avocado	Alpukat
Banaan	Pisang
Bes	Berry
Citroen	Lemon
Druif	Anggur
Framboos	Raspberry
Kers	Ceri
Kiwi	Kiwi
Kokosnoot	Kelapa
Mango	Mangga
Meloen	Melon
Nectarine	Nectarine
Oranje	Jeruk
Papaja	Pepaya
Peer	Pir
Perzik	Persik
Pruim	Prem

Gebouwen
Bangunan

Ambassade	Kedutaan
Appartement	Apartemen
Bioscoop	Bioskop
Boerderij	Pertanian
Cabine	Kabin
Fabriek	Pabrik
Hotel	Hotel
Kasteel	Kastil
Laboratorium	Laboratorium
Museum	Museum
Observatorium	Observatorium
School	Sekolah
Schuur	Gudang
Stadion	Stadion
Supermarkt	Supermarket
Tent	Tenda
Theater	Teater
Toren	Menara
Universiteit	Universitas
Ziekenhuis	Rumah Sakit

Geografie
Geografi

Atlas	Atlas
Berg	Gunung
Breedtegraad	Garis Lintang
Continent	Benua
Eiland	Pulau
Evenaar	Khatulistiwa
Halfrond	Belahan Bumi
Hoogte	Ketinggian
Kaart	Peta
Land	Negara
Lengtegraad	Garis Bujur
Meridiaan	Meridian
Noorden	Utara
Regio	Wilayah
Rivier	Sungai
Stad	Kota
Wereld	Dunia
Westen	Barat
Zee	Laut
Zuiden	Selatan

Geologie
Geologi

Aardbeving	Gempa Bumi
Calcium	Kalsium
Continent	Benua
Erosie	Erosi
Fossiel	Fosil
Geiser	Geyser
Gesmolten	Cair
Grot	Gua
Koraal	Karang
Kristallen	Kristal
Kwarts	Kuarsa
Laag	Lapisan
Lava	Lahar
Mineralen	Mineral
Stalactiet	Stalaktit
Steen	Batu
Vulkaan	Gunung Berapi
Zone	Zona
Zout	Garam
Zuur	Asam

Getallen
Angka

Acht	Delapan
Achttien	Delapan Belas
Dertien	Tiga Belas
Drie	Tiga
Een	Satu
Negen	Sembilan
Nul	Nol
Tien	Sepuluh
Twaalf	Dua Belas
Twee	Dua
Twintig	Dua Puluh
Veertien	Empat Belas
Vier	Empat
Vijf	Lima
Vijftien	Lima Belas
Wiskunde	Matematika
Zes	Enam
Zestien	Enam Belas
Zeven	Tujuh
Zeventien	Tujuh Belas

Groenten
Sayuran

Aardappel	Kentang
Artisjok	Artichoke
Aubergine	Terong
Broccoli	Brokoli
Erwt	Kacang
Gember	Jahe
Knoflook	Bawang Putih
Komkommer	Mentimun
Olijf	Zaitun
Paddestoel	Jamur
Peterselie	Peterseli
Pompoen	Labu
Radijs	Lobak
Salade	Salad
Selderij	Seledri
Sjalot	Bawang Merah
Spinazie	Bayam
Tomaat	Tomat
Ui	Bawang
Wortel	Wortel

Haartypes
Jenis Rambut

Blond	Pirang
Bruin	Cokelat
Dik	Tebal
Droog	Kering
Dun	Tipis
Gekleurd	Berwarna
Gevlochten	Dikepang
Gezond	Sehat
Glimmend	Berkilau
Golvend	Bergelombang
Grijs	Abu-Abu
Kaal	Botak
Kort	Pendek
Krullen	Ikal
Krullend	Keriting
Lang	Panjang
Wit	Putih
Zacht	Lembut
Zilver	Perak
Zwart	Hitam

Herbalisme
Herbalisme

Aromatisch	Aromatik
Basilicum	Kemangi
Bloem	Bunga
Culinair	Kuliner
Dille	Dil
Dragon	Tarragon
Groen	Hijau
Ingrediënt	Bahan
Knoflook	Bawang Putih
Kwaliteit	Kualitas
Lavendel	Lavender
Marjolein	Marjoram
Oregano	Oregano
Peterselie	Peterseli
Rozemarijn	Rosemary
Saffraan	Kunyit
Smaak	Rasa
Tijm	Timi
Tuin	Kebun
Venkel	Adas

Herfst
Musim Gugur

Appels	Apel
Boomgaard	Orchard
Branden	Kebakaran
Eikel	Acorn
Equinox	Equinox
Festival	Festival
Kastanjes	Chestnut
Kleding	Pakaian
Klimaat	Iklim
Maanden	Bulan
Migratie	Migrasi
Natuur	Alam
Seizoensgebonden	Musiman
Vorst	Frost
Weer	Cuaca

Huis
Rumah

Bezem	Sapu
Bibliotheek	Perpustakaan
Dak	Atap
Deur	Pintu
Douche	Mandi
Garage	Garasi
Haard	Perapian
Hek	Pagar
Kamer	Ruangan
Kelder	Basement
Keuken	Dapur
Lamp	Lampu
Meubilair	Mebel
Muur	Dinding
Plafond	Langit-Langit
Schoorsteen	Cerobong Asap
Slaapkamer	Kamar Tidur
Spiegel	Cermin
Tapijt	Karpet
Tuin	Kebun

Huisdieren
Hewan Peliharaan

Dierenarts	Dokter Hewan
Geit	Kambing
Hagedis	Kadal
Hamster	Hamster
Hond	Anjing
Kat	Kucing
Koe	Sapi
Konijn	Kelinci
Kraag	Kerah
Muis	Tetikus
Papegaai	Burung Beo
Poten	Cakar
Puppy	Puppy
Schildpad	Penyu
Staart	Ekor
Vis	Ikan
Voedsel	Makanan
Water	Air

Hulpmiddelen
Peralatan

Bijl	Kapak
Fakkel	Obor
Hamer	Palu
Heerser	Penggaris
Kabel	Kabel
Ladder	Tangga
Lijm	Lem
Mes	Pisau
Nietje	Pokok
Nietmachine	Stapler
Schaar	Gunting
Scheermes	Pisau Cukur
Schop	Sekop
Schroef	Baut
Tang	Tang
Touw	Tali
Wiel	Roda

Insecten
Serangga

Bidsprinkhaan	Mantis
Bij	Lebah
Bladluis	Aphid
Cicade	Jangkrik
Horzel	Hornet
Kakkerlak	Kecoa
Kever	Kumbang
Larve	Larva
Libel	Capung
Mier	Semut
Mot	Ngengat
Mug	Nyamuk
Sprinkhaan	Belalang
Termiet	Rayap
Vlinder	Kupu-Kupu
Vlo	Kutu
Wesp	Tawon
Worm	Cacing

Installaties
Tanaman

Bamboe	Bambu
Bes	Berry
Blad	Daun
Bloem	Bunga
Boom	Pohon
Boon	Kacang
Bos	Hutan
Cactus	Kaktus
Flora	Flora
Gebladerte	Dedaunan
Gras	Rumput
Klimop	Ivy
Kruid	Herba
Mest	Pupuk
Mos	Lumut
Plantkunde	Botani
Struik	Semak
Tuin	Kebun
Vegetatie	Vegetasi
Wortel	Akar

Kastelen
Kastil

Draak	Naga
Dynastie	Dinasti
Edele	Mulia
Eenhoorn	Unicorn
Feodaal	Feodal
Harnas	Zirah
Katapult	Katapel
Kerker	Dungeon
Koninkrijk	Kerajaan
Kroon	Mahkota
Muur	Dinding
Paard	Kuda
Paleis	Istana
Prins	Pangeran
Prinses	Putri
Ridder	Ksatria
Rijk	Kekaisaran
Schild	Perisai
Toren	Menara
Zwaard	Pedang

Katten
Kucing

Bont	Bulu
Garen	Benang
Gek	Gila
Grappig	Lucu
Jager	Hunter
Klauw	Cakar
Klein	Kecil
Muis	Tetikus
Nieuwsgierig	Penasaran
Onafhankelijk	Mandiri
Persoonlijkheid	Kepribadian
Poot	Kaki
Slaap	Tidur
Snel	Cepat
Speels	Ceria
Staart	Ekor
Verlegen	Malu
Wild	Liar

Keuken
Kitchen

Cup	Cangkir
Eetstokjes	Sumpit
Grill	Grill
Ketel	Ketel
Koelkast	Kulkas
Kom	Mangkuk
Kruik	Kendi
Lepels	Sendok
Messen	Pisau
Oven	Oven
Pot	Jar
Recept	Resep
Schort	Celemek
Servet	Serbet
Specerijen	Rempah-Rempah
Spons	Spons
Voedsel	Makanan
Vorken	Garpu
Vriezer	Freezer

Kleding
Pakaian

Armband	Gelang
Blouse	Blus
Broek	Celana
Handschoenen	Sarung Tangan
Hoed	Topi
Jas	Mantel
Jasje	Jas
Jurk	Gaun
Ketting	Kalung
Mode	Mode
Pyjama	Piyama
Riem	Ikat Pinggang
Rok	Rok
Sandalen	Sandal
Schoen	Sepatu
Schort	Celemek
Shirt	Baju
Sjaal	Syal
Sokken	Kaus Kaki
Trui	Sweter

Kleuren
Colors

Azuur	Azure
Beige	Krem
Blauw	Biru
Bruin	Cokelat
Cyaan	Cyan
Fuchsia	Fuchsia
Geel	Kuning
Grijs	Abu-Abu
Groen	Hijau
Indigo	Nila
Magenta	Magenta
Oranje	Jeruk
Paars	Ungu
Rood	Merah
Roze	Merah Muda
Sepia	Sepia
Wit	Putih
Zwart	Hitam

Klimmen
Pendakian

Atmosfeer	Suasana
Deskundige	Ahli
Fysiek	Fisik
Gidsen	Panduan
Grot	Gua
Handschoenen	Sarung Tangan
Helm	Helm
Hoogte	Ketinggian
Kaart	Peta
Kracht	Kekuatan
Laarzen	Sepatu Bot
Letsel	Cedera
Nieuwsgierigheid	Keingintahuan
Opleiding	Pelatihan
Smal	Sempit
Stabiliteit	Stabilitas
Terrein	Medan
Uitdagingen	Tantangan
Wandelen	Hiking

Komedie
Komedi

Acteur	Aktor
Actrice	Aktris
Applaus	Tepuk Tangan
Clowns	Badut
Expressief	Ekspresif
Gelach	Tawa
Genre	Genre
Grappen	Lelucon
Grappig	Lucu
Humor	Humor
Improvisatie	Improvisasi
Parodie	Parodi
Plezier	Menyenangkan
Publiek	Hadirin
Slim	Cerdik
Televisie	Televisi
Theater	Teater

Kunst
Seni

Beeldhouwwerk	Patung
Complex	Kompleks
Eenvoudig	Sederhana
Eerlijk	Jujur
Geïnspireerd	Terinspirasi
Humeur	Suasana Hati
Keramisch	Keramik
Onderwerp	Subjek
Origineel	Asli
Persoonlijk	Pribadi
Poëzie	Puisi
Portretteren	Menggambarkan
Samenstelling	Komposisi
Schilderijen	Lukisan
Surrealisme	Surealisme
Symbool	Simbol
Uitdrukking	Ekspresi
Visueel	Visual

Kunstbenodigdheden
Perlengkapan Seni

Acryl	Akrilik
Aquarellen	Cat Air
Borstels	Sikat
Camera	Kamera
Creativiteit	Kreativitas
Ezel	Easel
Gom	Penghapus
Houtskool	Arang
Inkt	Tinta
Klei	Tanah Liat
Kleuren	Warna
Lijm	Lem
Olie	Minyak
Papier	Kertas
Pastel	Pastel
Potloden	Pensil
Stoel	Kursi
Tafel	Meja
Verf	Cat
Water	Air

Landen #2
Negara #2

Denemarken	Denmark
Ethiopië	Ethiopia
Frankrijk	Perancis
Griekenland	Yunani
Ierland	Irlandia
Indonesië	Indonesia
Japan	Jepang
Kenia	Kenya
Laos	Laos
Libanon	Libanon
Liberia	Liberia
Maleisië	Malaysia
Mexico	Meksiko
Nepal	Nepal
Nigeria	Nigeria
Oeganda	Uganda
Oekraïne	Ukraina
Rusland	Rusia
Somalië	Somalia
Syrië	Suriah

Landschappen
Pemandangan Alam

Berg	Gunung
Eiland	Pulau
Geiser	Geyser
Gletsjer	Gletser
Golf	Teluk
Grot	Gua
Heuvel	Bukit
Ijsberg	Gunung Es
Meer	Danau
Moeras	Rawa
Oase	Oasis
Rivier	Sungai
Schiereiland	Semenanjung
Strand	Pantai
Toendra	Tundra
Vallei	Lembah
Vulkaan	Gunung Berapi
Waterval	Air Terjun
Woestijn	Gurun
Zee	Laut

Literatuur
Literatur

Analogie	Analogi
Analyse	Analisis
Anekdote	Anekdot
Auteur	Penulis
Biografie	Biografi
Conclusie	Kesimpulan
Dialoog	Dialog
Fictie	Fiksi
Gedicht	Puisi
Mening	Pendapat
Metafoor	Metafora
Poëtisch	Puitis
Rijm	Sajak
Ritme	Irama
Roman	Novel
Stijl	Gaya
Thema	Tema
Tragedie	Tragedi
Vergelijking	Perbandingan
Verteller	Narator

Meditatie
Meditasi

Aandacht	Perhatian
Aanvaarding	Penerimaan
Beweging	Gerakan
Dankbaarheid	Syukur
Emoties	Emosi
Gedachten	Pikiran
Geluk	Kebahagiaan
Helderheid	Kejelasan
Houding	Sikap
Kalm	Tenang
Mededogen	Kasih Sayang
Mentaal	Mental
Muziek	Musik
Natuur	Alam
Observatie	Observasi
Perspectief	Perspektif
Stilte	Kesunyian
Vrede	Perdamaian
Vriendelijkheid	Kebaikan
Wakker	Bangun

Meer Informatie
Fiksi Ilmiah

Bioscoop	Bioskop
Boeken	Buku
Brand	Api
Denkbeeldig	Imajiner
Dystopie	Distopia
Explosie	Ledakan
Extreem	Ekstrem
Fantastisch	Fantastis
Futuristisch	Futuristik
Illusie	Ilusi
Mysterieus	Gaib
Orakel	Oracle
Planeet	Planet
Realistisch	Realistis
Robots	Robot
Scenario	Skenario
Sterrenstelsel	Galaksi
Technologie	Teknologi
Utopie	Utopia
Wereld	Dunia

Menselijk Lichaam
Tubuh Manusia

Been	Kaki
Bloed	Darah
Elleboog	Siku
Hand	Tangan
Hart	Hati
Hersenen	Otak
Hoofd	Kepala
Huid	Kulit
Kaak	Rahang
Kin	Dagu
Knie	Lutut
Maag	Perut
Mond	Mulut
Nek	Leher
Neus	Hidung
Oog	Mata
Oor	Telinga
Schouder	Bahu
Tong	Lidah
Vinger	Jari

Metingen
Pengukuran

Breedte	Lebar
Byte	Byte
Centimeter	Sentimeter
Decimaal	Desimal
Diepte	Kedalaman
Gewicht	Berat
Gram	Gram
Hoogte	Tinggi
Inch	Inci
Kilogram	Kilogram
Kilometer	Kilometer
Lengte	Panjang
Liter	Liter
Massa	Massa
Meter	Meter
Minuut	Menit
Ons	Ons
Pint	Pint
Ton	Ton
Volume	Volume

Muziekinstrumenten
Instrumen Musik

Banjo	Banjo
Cello	Selo
Fagot	Bassoon
Fluit	Seruling
Gitaar	Gitar
Gong	Gong
Harp	Harpa
Hobo	Obo
Klarinet	Klarinet
Mandoline	Mandolin
Marimba	Marimba
Mondharmonica	Harmonika
Percussie	Perkusi
Piano	Piano
Saxofoon	Saksofon
Tamboerijn	Rebana
Trombone	Trombon
Trommel	Drum
Trompet	Terompet
Viool	Biola

Mythologie
Mitologi

Archetype	Pola Dasar
Bliksem	Petir
Creatie	Penciptaan
Cultuur	Budaya
Donder	Guntur
Doolhof	Labirin
Gedrag	Perilaku
Held	Pahlawan
Hemel	Surga
Jaloezie	Kecemburuan
Kracht	Kekuatan
Krijger	Pejuang
Legende	Legenda
Magisch	Gaib
Monster	Rakasa
Onsterfelijkheid	Keabadian
Ramp	Bencana
Sterfelijk	Fana
Wezen	Makhluk
Wraak	Balas Dendam

Natuur
Alam

Arctisch	Arktik
Bijen	Lebah
Bos	Hutan
Dieren	Binatang
Dynamisch	Dinamis
Erosie	Erosi
Gebladerte	Dedaunan
Gletsjer	Gletser
Heiligdom	Suaka
Klippen	Tebing
Mist	Kabut
Rivier	Sungai
Schoonheid	Kecantikan
Schuilplaats	Penampungan
Sereen	Tenang
Tropisch	Tropis
Vitaal	Vital
Wild	Liar
Woestijn	Gurun
Wolken	Awan

Oceaan
Samudra

Aal	Belut
Algen	Alga
Boot	Perahu
Dolfijn	Lumba-Lumba
Garnaal	Udang
Golven	Ombak
Haai	Hiu
Koraal	Karang
Krab	Kepiting
Kwal	Ubur-Ubur
Octopus	Gurita
Oester	Tiram
Rif	Terumbu
Schildpad	Penyu
Spons	Spons
Storm	Badai
Tonijn	Tuna
Vis	Ikan
Walvis	Paus
Zout	Garam

Om in te Vullen
Untuk Mengisi

Bekken	Baskom
Buis	Tabung
Dienblad	Baki
Doos	Kotak
Emmer	Ember
Envelop	Amplop
Fles	Botol
Karton	Karton
Koffer	Koper
Krat	Peti
Lade	Laci
Mand	Keranjang
Map	Map
Pakje	Paket
Pot	Jar
Vaas	Vas
Vat	Barel
Zak	Saku

Piraten
Bajak Laut

Anker	Jangkar
Avontuur	Petualangan
Bemanning	Awak
Eiland	Pulau
Gevaar	Bahaya
Goud	Emas
Grot	Gua
Kaart	Peta
Kapitein	Kapten
Kompas	Kompas
Legende	Legenda
Litteken	Bekas Luka
Oceaan	Laut
Papegaai	Burung Beo
Rum	Rum
Schat	Harta Karun
Slecht	Buruk
Strand	Pantai
Vlag	Bendera
Zwaard	Pedang

Regenwoud
Hutan Hujan

Amfibieën	Amfibi
Behoud	Pelestarian
Botanisch	Botani
Diversiteit	Perbedaan
Gemeenschap	Komunitas
Inheems	Asli
Insecten	Serangga
Jungle	Hutan
Klimaat	Iklim
Mos	Lumut
Natuur	Alam
Respect	Menghormati
Restauratie	Restorasi
Soort	Jenis
Toevlucht	Naungan
Vogels	Burung
Waardevol	Berharga
Wolken	Awan
Zoogdieren	Mamalia

Restaurant #1
Restoran # 1

Allergie	Alergi
Bord	Piring
Brood	Roti
Ingrediënten	Bahan
Kassier	Kasir
Keuken	Dapur
Kip	Ayam
Koffie	Kopi
Kom	Mangkuk
Menu	Menu
Mes	Pisau
Pittig	Pedas
Reservering	Reservasi
Saus	Saus
Serveerster	Pelayan
Servet	Serbet
Toetje	Pencuci Mulut
Vlees	Daging
Voedsel	Makanan

Restaurant #2
Restoran #2

Cake	Kue
Diner	Makan Malam
Drank	Minuman
Eieren	Telur
Fruit	Buah
Groente	Sayuran
Heerlijk	Lezat
Ijs	Es
Lepel	Sendok
Lunch	Makan Siang
Noedels	Mie
Ober	Pelayan
Salade	Salad
Soep	Sup
Specerijen	Rempah-Rempah
Stoel	Kursi
Vis	Ikan
Vork	Garpu
Water	Air
Zout	Garam

Rijden
Mengemudi

Auto	Mobil
Brandstof	Bahan Bakar
Garage	Garasi
Gas	Gas
Gevaar	Bahaya
Kaart	Peta
Licentie	Lisensi
Motor	Motor
Motorfiets	Sepeda Motor
Ongeluk	Kecelakaan
Politie	Polisi
Remmen	Rem
Snelheid	Kecepatan
Straat	Jalan
Tunnel	Terowongan
Veiligheid	Keamanan
Verkeer	Lalu Lintas
Vervoer	Transportasi
Voetganger	Pejalan Kaki
Vrachtauto	Truk

Schaken
Catur

Diagonaal	Diagonal
Kampioen	Juara
Koning	Raja
Koningin	Ratu
Offer	Pengorbanan
Passief	Pasif
Punten	Poin
Reglement	Aturan
Slim	Cerdik
Spel	Permainan
Speler	Pemain
Strategie	Strategi
Tegenstander	Lawan
Tijd	Waktu
Toernooi	Turnamen
Uitdagingen	Tantangan
Wedstrijd	Kontes
Wit	Putih
Zwart	Hitam

School #1
Sekolah # 1

Alfabet	Alfabet
Antwoorden	Jawaban
Bibliotheek	Perpustakaan
Boeken	Buku
Cijfers	Nomor
Examens	Ujian
Klaslokaal	Kelas
Leraar	Guru
Lunch	Makan Siang
Mappen	Folder
Papier	Kertas
Pennen	Pena
Plezier	Menyenangkan
Potlood	Pensil
Quiz	Kuis
Stoel	Kursi
Vrienden	Teman
Wiskunde	Matematika

School #2
Sekolah # 2

Academisch	Akademik
Bibliotheek	Perpustakaan
Boeken	Buku
Bus	Bis
Computer	Komputer
Grammatica	Tata Bahasa
Kalender	Kalender
Leraar	Guru
Literatuur	Sastra
Onderwijs	Pendidikan
Papier	Kertas
Pennen	Pena
Potlood	Pensil
Rugzak	Ransel
Schaar	Gunting
Schoenen	Sepatu
Weekend	Akhir Pekan
Wetenschap	Ilmu
Wiskunde	Matematika
Woordenboek	Kamus

Specerijen
Rempah-Rempah

Anijs	Anise
Bitter	Pahit
Fenegriek	Fenugreek
Gember	Jahe
Kaneel	Kayu Manis
Kardemom	Kapulaga
Kerrie	Kari
Knoflook	Bawang Putih
Komijn	Jinten
Koriander	Ketumbar
Kruidnagel	Cengkeh
Nootmuskaat	Pala
Paprika	Paprika
Saffraan	Kunyit
Smaak	Rasa
Ui	Bawang
Vanille	Vanila
Venkel	Adas
Zoet	Manis
Zout	Garam

Speelgoed
Mainan

Ambachten	Kerajinan
Auto	Mobil
Bal	Bola
Boeken	Buku
Boot	Perahu
Drums	Drum
Favoriet	Favorit
Fiets	Sepeda
Games	Permainan
Klei	Tanah Liat
Pop	Boneka
Puzzel	Teka-Teki
Robot	Robot
Schaak	Catur
Trein	Kereta
Verbeelding	Imajinasi
Verf	Cat
Vlieger	Layang-Layang
Vliegtuig	Pesawat
Vrachtauto	Truk

Sport
Olahraga

Atleet	Atlet
Basketbal	Basket
Beweging	Gerakan
Fiets	Sepeda
Golf	Golf
Gymnasium	Gimnasium
Gymnastiek	Senam
Hockey	Hoki
Honkbal	Bisbol
Kampioenschap	Kejuaraan
Scheidsrechter	Wasit
Spel	Permainan
Speler	Pemain
Stadion	Stadion
Team	Tim
Tennis	Tenis
Trainer	Pelatih
Winnaar	Pemenang

Stad
Kota

Apotheek	Farmasi
Bakkerij	Toko Roti
Bank	Bank
Bibliotheek	Perpustakaan
Bioscoop	Bioskop
Bloemist	Florist
Boekhandel	Toko Buku
Galerij	Galeri
Hotel	Hotel
Kliniek	Klinik
Luchthaven	Bandara
Markt	Pasar
Museum	Museum
Restaurant	Restoran
School	Sekolah
Stadion	Stadion
Supermarkt	Supermarket
Theater	Teater
Universiteit	Universitas
Winkel	Toko

Strand
Pantai

Blauw	Biru
Boot	Perahu
Dok	Dok
Eiland	Pulau
Handdoek	Handuk
Krab	Kepiting
Kust	Pantai
Lagune	Laguna
Paraplu	Payung
Rif	Terumbu
Sandalen	Sandal
Schelpen	Kerang
Vakantie	Liburan
Zand	Pasir
Zee	Laut
Zeilboot	Perahu Layar
Zon	Matahari

Surfen
Berselancar

Atleet	Atlet
Beginner	Pemula
Extreem	Ekstrem
Golf	Melambai
Kampioen	Juara
Kracht	Kekuatan
Maag	Perut
Menigte	Keramaian
Oceaan	Laut
Peddelen	Dayung
Plezier	Menyenangkan
Populair	Populer
Rif	Terumbu
Schuim	Busa
Snelheid	Kecepatan
Stijl	Gaya
Strand	Pantai
Weer	Cuaca

Technologie
Teknologi

Bericht	Pesan
Bestand	Fail
Blog	Blog
Browser	Peramban
Bytes	Byte
Camera	Kamera
Computer	Komputer
Cursor	Kursor
Digitaal	Digital
Gegevens	Data
Internet	Internet
Lettertype	Font
Onderzoek	Riset
Scherm	Layar
Statistiek	Statistik
Veiligheid	Keamanan
Virtueel	Maya
Virus	Virus

Tijd
Waktu

Dag	Hari
Decennium	Dasawarsa
Eeuw	Abad
Gisteren	Kemarin
Jaar	Tahun
Jaarlijks	Tahunan
Kalender	Kalender
Maand	Bulan
Middag	Siang
Minuut	Menit
Morgen	Besok
Na	Setelah
Nacht	Malam
Nu	Sekarang
Ochtend	Pagi
Toekomst	Masa Depan
Uur	Jam
Vandaag	Hari Ini
Vroeg	Dini
Week	Minggu

Tuin
Taman

Bank	Bangku
Bloem	Bunga
Bodem	Tanah
Boom	Pohon
Boomgaard	Orchard
Garage	Garasi
Gras	Rumput
Hark	Menyapu
Hek	Pagar
Onkruid	Gulma
Rotsen	Batu
Schop	Sekop
Slang	Selang
Struik	Semak
Terras	Teras
Trampoline	Trampolin
Tuin	Kebun
Veranda	Beranda
Vijver	Kolam
Wijnstok	Vine

Vakantie #1
Liburan # 1

Auto	Mobil
Douane	Bea Cukai
Expeditie	Ekspedisi
Kaartje	Tiket
Koffer	Koper
Meer	Danau
Museum	Museum
Ontspanning	Relaksasi
Paraplu	Payung
Reisplan	Jadwal
Rugzak	Ransel
Toerist	Turis
Tram	Trem
Valuta	Mata Uang
Vertrek	Keberangkatan
Vliegtuig	Pesawat

Vakantie #2
Liburan #2

Bestemming	Tujuan
Buitenlander	Orang Asing
Buitenlands	Asing
Eiland	Pulau
Hotel	Hotel
Kaart	Peta
Kamperen	Camping
Luchthaven	Bandara
Paspoort	Paspor
Reis	Perjalanan
Reserveringen	Reservasi
Restaurant	Restoran
Strand	Pantai
Taxi	Taksi
Tent	Tenda
Vakantie	Liburan
Vervoer	Transportasi
Visum	Visa
Vrije Tijd	Rekreasi
Zee	Laut

Verjaardag
Hari Ulang Tahun

Cake	Kue
Dag	Hari
Geboren	Lahir
Gelukkig	Senang
Geschenk	Hadiah
Herinneringen	Kenangan
Jaar	Tahun
Jong	Muda
Kaarsen	Lilin
Kaarten	Kartu
Kalender	Kalender
Lied	Lagu
Partij	Pesta
Plezier	Menyenangkan
Speciaal	Khusus
Tijd	Waktu
Uitnodigingen	Undangan
Viering	Perayaan
Vrienden	Teman
Wijsheid	Kebijaksanaan

Vissen
Penangkapan Ikan

Aas	Umpan
Apparatuur	Peralatan
Boot	Perahu
Draad	Kawat
Geduld	Kesabaran
Gewicht	Berat
Haak	Kait
Kaak	Rahang
Kieuwen	Insang
Kok	Masak
Mand	Keranjang
Meer	Danau
Oceaan	Laut
Overdrijving	Berlebihan
Rivier	Sungai
Seizoen	Musim
Strand	Pantai
Vinnen	Sirip
Water	Air

Vliegtuigen
Pesawat Terbang

Afdaling	Keturunan
Atmosfeer	Suasana
Avontuur	Petualangan
Ballon	Balon
Bemanning	Awak
Bouw	Konstruksi
Brandstof	Bahan Bakar
Geschiedenis	Sejarah
Hemel	Langit
Hoogte	Tinggi
Landen	Pendaratan
Lucht	Udara
Motor	Mesin
Navigeren	Navigasi
Ontwerp	Desain
Passagier	Penumpang
Piloot	Pilot
Richting	Arah
Turbulentie	Turbulensi
Waterstof	Hidrogen

Voeding
Nutrisi

Bitter	Pahit
Calorieën	Kalori
Dieet	Diet
Eetbaar	Bisa Dimakan
Eetlust	Nafsu Makan
Eiwitten	Protein
Evenwichtig	Seimbang
Fermentatie	Fermentasi
Gewicht	Berat
Gezond	Sehat
Gezondheid	Kesehatan
Koolhydraten	Karbohidrat
Kwaliteit	Kualitas
Saus	Saus
Smaak	Rasa
Spijsvertering	Pencernaan
Toxine	Racun
Vitamine	Vitamin
Vloeistoffen	Cairan
Voedingsstof	Gizi

Voertuigen
Kendaraan

Ambulance	Ambulans
Auto	Mobil
Banden	Ban
Bestelwagen	Van
Boot	Perahu
Bus	Bis
Caravan	Kafilah
Fiets	Sepeda
Helikopter	Helikopter
Motor	Motor
Onderzeeër	Kapal Selam
Raket	Roket
Scooter	Skuter
Taxi	Taksi
Tractor	Traktor
Trein	Kereta
Veerboot	Feri
Vliegtuig	Pesawat
Vlot	Rakit
Vrachtauto	Truk

Vogels
Burung-Burung

Duif	Merpati
Eend	Bebek
Ei	Telur
Flamingo	Flamingo
Havik	Elang
Kanarie	Kenari
Kip	Ayam
Koekoek	Cuckoo
Kraai	Gagak
Meeuw	Gull
Mus	Burung Pipit
Ooievaar	Bangau
Papegaai	Burung Beo
Pauw	Merak
Pelikaan	Pelikan
Pinguïn	Penguin
Struisvogel	Burung Unta
Toekan	Toucan
Uil	Burung Hantu
Zwaan	Angsa

Vormen
Bentuk

Bol	Bola
Boog	Arc
Cilinder	Silinder
Cirkel	Lingkaran
Curve	Kurva
Driehoek	Segitiga
Hoek	Sudut
Hyperbool	Hiperbola
Kant	Sisi
Kegel	Kerucut
Kubus	Kubus
Lijn	Garis
Ovaal	Elips
Piramide	Piramida
Prisma	Prisma
Randen	Tepi
Ronde	Bulat
Veelhoek	Poligon
Vierkant	Persegi

Wandelen
Mendaki

Berg	Gunung
Dieren	Binatang
Gevaren	Bahaya
Kaart	Peta
Kamperen	Camping
Klif	Tebing
Klimaat	Iklim
Laarzen	Sepatu Bot
Moe	Lelah
Muggen	Nyamuk
Natuur	Alam
Oriëntatie	Orientasi
Parken	Taman
Stenen	Batu
Top	Puncak
Voorbereiding	Persiapan
Water	Air
Wild	Liar
Zon	Matahari
Zwaar	Berat

Water
Air

Douche	Mandi
Geiser	Geyser
Golven	Gelombang
Ijs	Es
Irrigatie	Irigasi
Kanaal	Kanal
Meer	Danau
Moesson	Musim
Oceaan	Laut
Orkaan	Badai
Overstroming	Banjir
Regen	Hujan
Rivier	Sungai
Sneeuw	Salju
Stoom	Uap
Verdamping	Penguapan
Vochtig	Lembab
Vochtigheid	Kelembaban
Vorst	Embun Beku

Weersomstandigheden
Cuaca

Atmosfeer	Suasana
Bliksem	Petir
Donder	Guntur
Droog	Kering
Droogte	Kekeringan
Hemel	Langit
Ijs	Es
Klimaat	Iklim
Mist	Kabut
Moesson	Musim
Overstroming	Banjir
Polair	Kutub
Regenboog	Pelangi
Storm	Badai
Temperatuur	Suhu
Tornado	Tornado
Tropisch	Tropis
Vochtig	Lembab
Wind	Angin
Wolk	Awan

Wetenschap
Sains

Atoom	Atom
Chemisch	Bahan Kimia
Deeltjes	Partikel
Evolutie	Evolusi
Experiment	Percobaan
Feit	Fakta
Fossiel	Fosil
Gegevens	Data
Hypothese	Hipotesis
Klimaat	Iklim
Laboratorium	Laboratorium
Methode	Metode
Mineralen	Mineral
Moleculen	Molekul
Natuur	Alam
Natuurkunde	Fisika
Observatie	Observasi
Organisme	Organisme
Wetenschapper	Ilmuwan
Zwaartekracht	Gravitasi

Wetenschappelijke Discip
Disiplin Ilmiah

Anatomie	Anatomi
Archeologie	Arkeologi
Astronomie	Astronomi
Biochemie	Biokimia
Biologie	Biologi
Chemie	Kimia
Ecologie	Ekologi
Fysiologie	Fisiologi
Geologie	Geologi
Immunologie	Imunologi
Mechanica	Mekanika
Meteorologie	Meteorologi
Mineralogie	Mineralogi
Neurologie	Neurologi
Plantkunde	Botani
Psychologie	Psikologi
Robotica	Robotika
Sociologie	Sosiologi
Thermodynamica	Termodinamika
Voeding	Gizi

Wiskunde
Matematika

Bol	Bola
Decimaal	Desimal
Diameter	Diameter
Divisie	Divisi
Driehoek	Segitiga
Exponent	Eksponen
Fractie	Fraksi
Geometrie	Geometri
Hoeken	Sudut
Loodrecht	Tegak Lurus
Omtrek	Perimeter
Parallel	Paralel
Parallellogram	Parallelogram
Rekenkundig	Hitung
Som	Jumlah
Symmetrie	Simetri
Veelhoek	Poligon
Vergelijking	Persamaan
Vierkant	Persegi
Volume	Volume

Zomer
Musim Panas

Boeken	Buku
Duiken	Menyelam
Familie	Keluarga
Games	Permainan
Herinneringen	Kenangan
Huis	Rumah
Kamperen	Camping
Muziek	Musik
Ontspanning	Relaksasi
Reis	Bepergian
Sandalen	Sandal
Sterren	Bintang
Strand	Pantai
Tuin	Kebun
Vakantie	Liburan
Voedsel	Makanan
Vreugde	Kegembiraan
Vrienden	Teman
Vrije Tijd	Rekreasi
Zee	Laut

Zoogdieren
Mamalia

Aap	Monyet
Bever	Berang-Berang
Coyote	Coyote
Dolfijn	Lumba-Lumba
Ezel	Keledai
Geit	Kambing
Giraf	Jerapah
Gorilla	Gorila
Hond	Anjing
Kameel	Unta
Kangoeroe	Kanguru
Kat	Kucing
Konijn	Kelinci
Leeuw	Singa
Olifant	Gajah
Paard	Kuda
Stier	Banteng
Vos	Rubah
Walvis	Paus
Wolf	Serigala

Gefeliciteerd

Je hebt het gehaald!

We hopen dat u net zoveel plezier beleeft aan dit boek als wij aan het maken ervan. We doen ons best om spellen van hoge kwaliteit te maken.
Deze puzzels zijn op een slimme manier ontworpen zodat je actief kunt leren terwijl je plezier hebt!

Vond je ze mooi?

Een Eenvoudig Verzoek

Onze boeken bestaan dankzij de recensies die zij publiceren.
Kunt u ons helpen door nu een mening achter te laten ?

Hier is een korte link die u naar uw
bestellingen beoordelingspagina.

BestBooksActivity.com/Recensie50

FINAAL UITDAGING!

Uitdaging nr. 1

Klaar voor uw bonusspel? We gebruiken ze de hele tijd, maar ze zijn niet zo gemakkelijk te vinden. Hier zijn **Synoniemen!**

Noteer 5 woorden die je ontdekt hebt in elk van de onderstaande puzzels (nr. 21, nr. 36, nr. 76) en probeer voor elk woord 2 synoniemen te vinden.

Notitie 5 Woorden uit *Puzzle 21*

Woorden	Synoniem 1	Synoniem 2

Notitie 5 Woorden uit *Puzzle 36*

Woorden	Synoniem 1	Synoniem 2

Notitie 5 Woorden uit *Puzzle 76*

Woorden	Synoniem 1	Synoniem 2

Uitdaging nr. 2

Nu je opgewarmd bent, noteer 5 woorden die je ontdekt hebt in elke hieron-
der genoteerde puzzel (nr. 9, nr. 17, nr. 25) en probeer voor elk woord 2
antoniemen te vinden. Hoeveel regels kan je doen in 20 minuten?

Notitie 5 Woorden uit **Puzzle 9**

Woorden	Antoniem 1	Antoniem 2

Notitie 5 Woorden uit **Puzzle 17**

Woorden	Antoniem 1	Antoniem 2

Notitie 5 Woorden uit **Puzzle 25**

Woorden	Antoniem 1	Antoniem 2

Uitdaging nr. 3

Prachtig, deze finaal uitdaging is makkelijk voor jou!

Klaar voor de laatste? Kies je 10 favoriete woorden die je in een van de puzzels hebt ontdekt en noteer ze hieronder.

1.	6.
2.	7.
3.	8.
4.	9.
5.	10.

De uitdaging is nu om met deze woorden en binnen een maximum van zes zinnen een tekst te schrijven over een persoon, dier of plaats waar je van houdt!

Tip: U kunt de laatste blanco pagina van dit boek als kladblaadje gebruiken!

Je schrijven:

NOTITIEBOEKJE:

TOT SNEL!

GENIET VAN GRATIS SPELLEN

GO

↓

BESTACTIVITYBOOKS.COM/FREEGAMES